イノベーションの成功と失敗

戦前戦中から
戦後に至る
日本型
イノベーションの
真実

武田 立＋瀬戸 篤＝著

同文舘出版

はじめに

1 本書の全体像

本書を、日本産業を支える現役ビジネスパーソンはもとより、現在、高校、高専、大学や大学院で明日の技術者を夢見て勉学を続ける理工系学生、および製造系企業への就職に関心をもつ全ての文系学生に捧げる。なぜなら、現場の第一線でモノ作りに励むエンジニアの信条と成し遂げたイノベーションを理解できぬということは、メーカーの存立条件を理解できぬことと同義だからだ。

本書には、通常の教科書には書かれていない戦前戦中そして戦後日本に起きたイノベーション成功と失敗の真実が書かれている。日本産業史上、イノベーションは、数々のテクノロジー・ベンチャーによって牽引されてきた。敗戦直後に誕生したホンダやソニーはもとより、戦前に創業した日立製作所、トヨタ自動車なども創業者個人の顔が見えるテクノロジー・ベンチャーであった。ところが、戦後70年を経て、日本でのテクノロジー・ベンチャー誕生が目に見えて減少している。

テクノロジー・ベンチャーの誕生とイノベーションの興隆には、強い相関関係があることは歴史が証明している。それゆえに、21世紀日本のイノベーションを一層活発化させるためには、テクノロジー・ベンチャーの誕生を促すことが最短だと確信している。**筆者らは、これまで日本の戦後教育においてあまり触れられることのなかったイノベーションの歴史を追い、イノベーションが発生**

したメカニズムを精密に後追いすることで、これからのイノベーションを担うテクノロジー・ベンチャーの誕生を加速化させたいという志を共有している。

さらに、テクノロジー・ベンチャーに期待されるイノベーションの発生メカニズムを因数分解して、それぞれの因数ごとに作動メカニズムを明らかにしなくてはならない。その結果、イノベーションの発生メカニズムを本書では「イノベーションの方程式」と定義し、その作動メカニズムとして「知の商業化」および「知のマイニング」の重要性を指摘している。

18世紀英国において、グラスゴー大学でJ・ワットが創業した大学発ベンチャーが世界に先駆けて動力機械の産業革命を切り拓いた。そして20世紀に入りHP社がエレクトロニクスの産業革命を、21世紀に入りGoogleがITの産業革命を牽引した。両者はともにスタンフォード大学が生み出した大学発ベンチャーである。だから、21世紀日本の産業構造を変えるほどのイノベーションを起こすには、大学発を含むテクノロジー・ベンチャーの創出が喫緊の課題である。

こうしたテクノロジー・ベンチャーを人為的に生み出すためには、第一に、それらの偉大なテクノロジー・ベンチャーが生まれた歴史的経緯を知る必要がある。第二に、背景となったイノベーションを丹念に検証する必要がある。第三に、イノベーションの発生と起動のメカニズムを明らかにする必要がある。

そこで、本書は三部で構成されている。第一部では、戦前・戦中・戦後の一貫した日本のイノベーションの正確な流れを造船、航空機、レーダーという3つの分野から学ぶ。そして、世界に羽ばたくテクノロジー・ベンチャー、ホンダとソニーがなぜ敗戦直後の日本に特異的に生まれたのか、その背景と原因を学ぶ。次に第二部では、戦前に存在しなかった日本のエレクトロニクス産業が、戦後ソニーを中心としてどのような驚異的発展を遂げたのか、また現在どうして生彩を失いつつあるのかを検証する。そして第三部において、第一部と二部の検証から①イノベーションの発生プロセス＝「イノベーションの方程式」を導き出し、次に②イノベーションの発生プロセスを人為的に起こせるメカニズムを析出する。

最後に、日本における戦前・戦中・戦後の核心的イノベーションから学んだ成功と失敗から、日本が総力を挙げて取り組むべき21世紀イノベーションのこれからの課題を明らかにする。

2　本書における戦前・戦中・戦後の定義

私達は歴史を学ぶ必要性をほとんど感じることなく日常生活を送っている。だが、歴史こそは、あらゆる迷信や俗説から決別し、個人・組織・そして国家の生き方を明確に示してくれる客観的な「道しるべ」だ。たとえ未来の予測は不可能でも、過去と現在を結ぶ線上に未来は確実にあるからだ。だが、人間は、戦争や混迷の歴史を省みるかぎり、ギリシア・ローマの時代からその思想や行動パターンはほとんど変わっていない。英国や日本がかつて中国を侵略した歴史は、現在、中国が東南アジア諸国や日本に対して軍事挑発していることとほとんど変わらない。歴史は繰り返す。だからこそ、私達は、未来への進路を決定するとき、透徹した客観的事実に照らして「過去と現在」を学び直し、その交線上に自らの「未来」があることを理解しなければならない。そして、より良き未来を自らの手で取捨選択する必要がある。

しかしながら、私達戦後世代が初等中等教育で教えられてきた日本の歴史教育は、一貫して「戦前と戦後」という単純な対比でしかなかった。しかも、学校で教えられる「戦前」とは、せいぜい昭和元年（1925年）から太平洋戦争敗北（1945年）までのわずか20年ほどに過ぎない。

これでは、日本が近代化に成功した最大の理由である自前「産業革命」とその推移が理解できない。そこで、本書では、1868年の明治維新から1941年の第二次世界大戦参戦までを「戦前」、1941年から1945年の第二次世界大戦敗北までを「戦中」、第二次世界大戦敗北から2014年の今日までを「戦後」として、それぞれの期間内に起きた日本の核心的イノベーションについて分析する。

3 日本の未来

「イノベーション」とは、1912年にオーストリア・ハンガリー帝国大学のシュンペーター教授が世界で初めて定義したとおり、「新結合」として概念化された。「新結合」とは、旧式な生産手段を組み替えて新たな生産手段にまで導く行為を意味し、その実行者が「企業家」と呼ばれる。それゆえ、まったく新しい企業（ベンチャー）を創出することよりも、むしろ、既存企業で持て余しがちなヒト・モノ・カネを新しい文脈で組み替えてゆくことが新結合の原義に近い。だから、既存の生産体系から組み替えによって新たな価値を造りだすことがイノベーションの本質的課題である。

そうした意味で、現在の日本の企業は、既存の生産手段という観点からいえば、あまりにも恵まれ過ぎている。質の高い理工系労働力、動かしきれないほどの生産設備、仕事を求め圧倒的な高品質・低価格での部品供給に応じようとする国内中小企業群、そして、iPS細胞に象徴される世界を驚かせる画期的な研究成果をあげる複数の世界的大学群が国内に存在する。

通常、世界の常識として多くの国々は優れたエンジニアや部品供給企業、高度な大学研究機能などの要素を自国で全てまかなえないために、他国の大学や企業、ないし外国人労働力に依存せざるを得ない。だが、日本にはそれらすべてが国内に揃っており、さらに、十分な民間貯蓄が国内で眠っているから、政府は新たな事業創出に対して十分な研究開発・ベンチャー助成が可能である。**イノベーションのための基礎的資源に満ちあふれている日本で、イノベーションが起きにくい国だと嘆く必要も、安易に海外に模範を求める必要もない。**

第一部に入る前に、少々遠回りとなるが、既存の経済のあり方（経済構造）を覆すほどのイノベーションを牽引した2つの歴史的ベンチャーを紹介する。それらは、18世紀英国グラスゴー大学と20世紀米国・スタンフォード大学で、ともに大学発として誕生したテクノロジー・ベンチャーである。

目次

第一部　戦前日本の核心的イノベーション　造船・航空機・レーダー

第二部　戦後日本の核心的イノベーション　トランジスタ発明とエレクトロニクス

序

テクノロジー・ベンチャーが産業を興す

蒸気機関・HP

序1 18世紀英国大学発ベンチャー「蒸気機関」企業誕生

ジェームズ・ワット（James Watt）が蒸気機関を発明し、その名前「Watt」が物理学の「仕事率」のみならず、日常においても「消費電力」の単位として広く用いられていることは、日本では中学校の社会科の「産業革命」の項で習う。また、アダム・スミス（Adam Smith）が「神の見えざる手」により、結果として効率の良い市場経済をあたかも「自動制御」していると『国富論』で著したことは、日本では高校の世界史で学ぶ。だが、その2人は18世紀末のグラスゴー大学で交流し、その交流が蒸気機関をいち早く英国にもたらし、動力機械による「産業革命」をすすめたことを知る人は少ない。

1 グラスゴー大学アダム・スミス教授とジェームズ・ワット

2人が同時代の同じ街に住み、お互いの密接な関係を最大限に活用して、それぞれが歴史に残る大仕事をなし得た。この事実を知って驚きを禁じ得ない読者も多いだろう。筆者の1人である瀬戸は、かつて学部時代に英国に留学して北部スコットランドにある古い工業都市グラスゴーへ赴き、彼らの足跡をたどりながら、グラスゴー大学において彼らが英国産業革命に果たしたことの重要性を痛感した。

グラスゴー大学のアダム・スミス教授（副学長、のち名誉総長）は、『国富論（＝諸国民の富）』（1776）の著者また経済学の父として知られるが、同時に母校グラスゴー大学の運営と教育に人生の多くを捧げた優れた大学人であり、有能な教育者・組織管理者であった。教授の死から1世紀ほどのちの1895年に出版されたJ・レー著『アダム・スミス伝（Life of Adam Smith）』(1)によると、アダム・スミス教授とグラスゴー大学の関係は、以下のとおりであった。

アダム・スミス教授とグラスゴー大学

1723年　エディンバラの北にある小さな漁港町カーコディーで、地元の税官吏を父、地元の名家ダグラス家出身の母の間に生まれた

1737年（14歳）　グラスゴー大学に入学

1740年（17歳）　グラスゴー大学を卒業し、スコットランドの最優秀な学生2名にしか贈られないイングランドへの留学資金「スネル奨学金」を得て、オックスフォード大学ベリオールカレッジに入学

１７４４年（21歳）同大学よりバチェラーオブアーツを得る

１７４６年（23歳）同大学退学。オックスフォード大学時代をして、権威にあぐらをかく旧態教授陣の下での勉学を「人生最悪の日」と記す

１７４７―５０年（24―27歳）母の待つ故郷に帰り、研究といくつかの公開講義を地元で行う

1751年（28歳）母校グラスゴー大学の論理学教授に任命される。翌年、担当教授死亡のため道徳哲学教授に転ずる

（1756年　グラスゴー大学により青年ジェームズ・ワットが技手として採用され、同時に学内ワークショップ内における数学器具製造と販売を許される）

1758年（35歳）大学出納官に就任

１７５９年（36歳）道徳哲学の講義の一部をまとめた生涯2冊の著書の1冊『道徳情操論』を出版し、欧州中で高い名声を得る。その結果、遠いロシアからも辺境のグラスゴー大学へ留学生が来ることとなった

１７６２年（39歳）副学長となり、出納官、学部長も兼任する。大学より「法学博士」を授与される

１７６４年（41歳）若きバックルー公の欧州留学に伴う家庭教師として招聘され、パリに渡り同地にて大学に辞表を提出した。その報酬として、当時の大学教授職相当額の終身年金をバックルー侯爵家より保証される。パリ滞在中にスミスは、大陸の進んだもしくは遅れた経済事情に接し、経済思想家の多くと交遊し、のちの『国富論』執筆の着想を得た

1766年（43歳）英国に帰国しロンドン滞在
（同年　J・ワットは蒸気機関における重要部分の発明に成功する）
1767年（44歳）地元カーコディーに戻り、母と同居しながら生涯独身を貫き、『国富論』の執筆に専念する
（1773年　J・ワットは、地元資本家マッシュー・ボウルトンと特許を共有し、グラスゴー大学から南部へ移りボウルトンとの共同創業に成功）
1776年（53歳）執筆の過労から甚だしく病弱となりながらも、『国富論』を刊行し、欧州中で大ベストセラーとなる
1778年（59歳）エディンバラに定住し、スコットランド関税監督官に就任する
1787年（64歳）グラスゴー大学名誉総長に選出される
1790年（66歳）エディンバラで死去

（出典：J・レー著『アダム・スミス伝（Life of Adam Smith）』巻末表に筆者加筆）

年表内で興味深い点は、ワット青年がグラスゴー大学に雇用される5年前にアダム・スミス博士は母校教授として着任し、ワット採用の2年後に大学予算一切をとり仕切る出納官となった点だ。つまり、大学がワットに作業場を与えることに、アダム・スミス教授は大学予算管理者として関与していたと考えることが自然である。

2 人類初の大学発ベンチャー誕生

1756年当時、グラスゴー市の同業組合は、ワットが市内で徒弟歴を有していないという排他的理由で、彼が市内で仕事場をもつことを拒否した。これを知った大学当局は、1756年には、ワット青年に対して校内に仕事場をあたえ、彼を大学御用の数学器具製造人とした。

その8年後の1764年、アダム・スミス教授が大学に辞表を出した年、ワットは原始的なニューコメン蒸気機関の飛躍的な効率改善発明に成功した。そして、大学採用から実に17年後の1773年、地元資本家と組んで新型蒸気機関開発製造ベンチャーを創業した。今でいう**大学発ベンチャーの誕生**である。

つまり、アダム・スミス教授が1751―64年、28歳から41歳まで母校グラスゴー大学で教授・出納官・副学長職にあったとき、J・ワットもまた1756―73年にかけて同大学に在籍し、彼らは8年間同じ大学で交叉していた。ワットが、欧州中で高い名声を博したアダム・スミス教授に最大限の敬意と感謝を持ち続けたとしても自然であるし、スミス教授もまた大学工房（workshop）で働いていたワット青年にテクノロジー・ベンチャーの先進例を見ていたことは、間違いないだろう。

J・レーの『アダム・スミス伝』によると、「スミスがグラスゴー大学にいるあいだ、ワットの仕事場へ好んで出入りした。これはワットが若いにも似ず話が斬新で創意に富み、周囲の活発な人々をひきつける力を多分にもっていたからであった。」[2]と描写する。

3　まとめ：産業革命はベンチャーが起動

英国が世界に先駆けて産業革命を成し遂げた理由は、効率的な新型蒸気機関を工場や鉱山へいち早く導入し実用化したことにあった。その結果、英国は日本と同様に危険な縦坑の多い国ながらも、国内炭鉱からの石炭産出量は一気に世界一となり、産業革命を可能とするインフラを英国にもたらし、英国は「世界の工場」という地位を築き上げた。ここから、**なぜ、英国が世界で初めて産業革命を成し遂げ、世界の工場として19世紀に君臨できたのかが理解できる。**だから、ジェームズ・ワットの蒸気機関ベンチャーこそ、「大学発ベンチャー」の歴史上第1号であり、しかも、その後に起きた数々のイノベーションのプロトモデルとなった。

注

（1）J・レー著、大内兵衛・大内節子訳（1972）『アダム・スミス伝』岩波書店。
（2）同上書、90頁。

序2 20世紀米国大学発ベンチャー「HP」誕生

英国産業革命の原動力となった「蒸気機関」が、英国グラスゴー大学副学長であったアダム・スミス教授による、ジェームズ・ワット青年への学内インキュベーションの結果であることを前章で学んだ。それと全く同じことが、のちに大西洋をわたって米国西海岸において、20世紀産業革命の中枢をなすエレクトロニクス産業の勃興前夜にも特異的に生じた。その舞台は、１８９１年創立の新興大学スタンフォード大学であった。次は、スタンフォード大学とシリコンバレー創世の頃の歴史である。

1 スタンフォード大学とHP創業前夜

はじめに、現在のアメリカ経済を牽引するシリコンバレーの母胎となったスタンフォード大学の歴史を概観しよう。

スタンフォード大学と大学発ベンチャー

１７７７年　スペイン軍がサンタクララに駐屯所を設置
（19世紀半ば、カリフォルニアにゴールドラッシュの波が押し寄せる）
１８９１年　セントラル・パシフィック鉄道の創業者スタンフォード氏（上院議員）と夫人が、ハーバード大学在学中に夭逝した息子の死を悼み、個人全資産２０００万ドルと転売不可を条件に私有地９０００エーカー（果樹園）を寄贈して息子の名を冠する「リーランド・スタンフォード・Jr大学」を開校
１９００年　スタンフォード大心理学教授のルイス・ターマンを父に、息子フレデリック（＝フレッド）が誕生。スタンフォード大学で工学と化学を学んだのち、東部ＭＩＴで１９２４年に工学博士号取得
１９２５年　Ｆ・ターマン博士がスタンフォード大学非常勤講師に就任し、その後30年准教授、37年教授就任
１９３４年　ヒューレットとパッカード両人が卒業
１９３８年　ターマン教授支援により教え子のヒューレットとパッカードが「ＨＰ」を創業し、スタンフォード大学発ベンチャー1号となる
１９５２年　ＨＰは母校スタンフォード大電子研究所に計測研究室棟を寄贈

1954年　HPはスタンフォード大学ターマン教授と組んで、自社のエンジニアが社費でスタンフォード大学大学院に学び学位を取得できる「優等教育連携制度」開始

1956年　スタンフォード・インダストリアルパーク内に自社ビル2棟を建設。同年、ターマン教授は、トランジスタを発明しノーベル賞を受賞したATTベル研究所のショックレーを故郷パロアルトに誘致。ショックレーは全米から優れた電子技術者を8人集めて「ショックレー半導体研究所」設立

1957年　創業者ショックレーと対立して同社を退社した若手メンバー8名が、同地でノイスとムーアを中心に「フェアチャイルド・セミコンダクター」を設立。

1968年　「フェアチャイルド・セミコンダクター」資本グループと対立したノイスとムーアは、新たに同地で「インテル」を設立し、70年世界初DRAMの開発に成功。71年日本企業と共同で世界初MPU4004の開発に成功し、今日の「インテル・インサイド」の源流を作る

1974年　「タンデム・コンピューターズ」設立

1976年　ジョブズとヴォズニアックが「アップルコンピュータ」設立

1977年　ラリー・エルソンが「オラクル」設立

1982年　スタンフォード大学発「サン・マイクロシステムズ」「シリコングラフィックス」設立

1984年　インテルが赤字転落・・・日本企業の脅威増大

1992年　ＰＣブームでインテルはＣＰＵデファクトスタンダードを発表し、完全復活
1995年　スタンフォード大学発「Yahoo」設立
1998年　スタンフォード大学発「Google」設立

（出典：日本経済新聞社編『シリコンバレー革命』176−177頁表を基に筆者加筆。）

1891年、ゴールドラッシュの混乱後間もないカリフォルニア州パロアルトの果樹園跡に、ハーバードに学んでいた息子の夭逝を痛んだ鉄道王リーランド・スタンフォード氏が寄付して、無名の地方大「リーランド・スタンフォード・ジュニア大学」が個人創設された。

開学して40年ほどのスタンフォード大学工学部に入学したデイビッド・パッカードは、得意のアマチュア無線がきっかけで、後の共同創業者となるビル・ヒューレットを結びつけてくれた２人の共通の恩師、電子工学科のＦ・ターマン教授と出会った。

その後、恩師ターマン教授は、パッカードに、ＨＰの創業とその後の発展にかけがえのない３人の研究室仲間、ヒューレット（ＨＰ共同創業者・社長・会長）、ポーター（ＨＰ最高製造責任者）、オリバー（ＨＰ最高研究開発責任者）と出会う機会をつくってくれた。そして、ターマン教授はパッカードを含む４人の学生に対して、「しっかりした理論的基礎のある人のほうがビジネス・チャンスは大きい」と言って、将来の起業を励ましたという。(1)

だが、ターマン教授は彼らに卒業後間もなくの創業をあえて勧めず、それぞれ外の世界に学んで

からの創業を学生たちに強く勧めた。その結果、また、パッカードは教授の薦めに従い東部の巨大企業GEに就職し、設計者と製造工程の乖離によって必然的に現場で生ずる品質管理の問題と解決策を実地体験した。ヒューレットは、のちにHPの研究開発最高責任者となる前に、ターマン教授の薦めに従ってスタンフォードおよびMITの大学院に進学し、研究開発の方法論と理論を学んだ。

2 ターマン教授による大学発ベンチャー支援

やがて2人はHP社創業へと突き進むが、その機会も恩師ターマン教授がもたらしたものだった。教授は、卒業後もパッカードとヒューレット達の動向に注意を払い、卒業して4年後の1938年夏、パッカードがスタンフォード大学特別研究員になるよう手配し、年間500ドルの奨学金も得られるようにした。さらに、パッカードがGEで働いていた仕事内容を単位換算し、スタンフォード大学院工学研究科の修士号を1年で取得できるように配慮してくれた。同時に、同大学ビジネススクールの無料聴講（現在の学費は年間5万ドル）も可能としてくれた。

それればかりか、新婚間もないパッカードの妻ルシールのために、教授は同大学学籍課への復職（結婚前の職場）も斡旋してくれた。ルシール夫人は、経済的に夫パッカードを支え、後にはHPの経理事務と人事総務一切を引き受け、採用面接も行った。その後10年近く、社員の結婚祝いと出産した社員へのベビー毛布を会社からのプレゼントとして手配していたという。その後に結婚したヒューレットの妻フローラも、ルシールとともにＨＰで献身的に働いたという。

パッカードは、ＭＩＴを卒業して戻ってきたビル・ヒューレットと大学街で再会し、２人は事業計画の策定に取り組んだ。ヒューレットは、大学街パロアルトのアディソン通りに2階建ての家を見つけ、パッカードとルシール夫人はその1階に住んだ。まだ独身だったヒューレットは、その裏手にある小さな建物に住んだが、そこには1台分のガレージもありそれが仕事場になった（１９８９年、カリフォルニア州は、アディソン通りのガレージを「シリコンバレー発祥の地（the Birthplace of Silicon Valley）」として、カリフォリニア州の史跡に指定した）。

その後、雑多な仕事を2人で手がけるうちに、回路技術はヒューレットの方がすぐれ、製造工程はＧＥで実務経験のあるパッカードの熟達がわかった。そして、彼らは大学卒業4年目の１９３８年にコインを投げて会社名の順序を決めた。ヒューレットが勝ち、ビル・ヒューレットのＨが先になりＨＰとなった。

3　産学連携とシリコンバレー

ＨＰは、スタンフォード大学工学部の恩師Ｆ・ターマン教授と研究室仲間の応援に基づく、文字どおりの「大学発ベンチャー」であった。創業にあたって、彼らの教育指導はもちろん、経済的援助から技術移転まで教授は、メンターとして彼らの創業に至る道筋を段階的に支援した。それゆえ

ＨＰは、大学生まれのテクノロジーを基に出発した米国における大学発ベンチャーの先駆者となった。ここに、今日の世界的名声を得るスタンフォード大学が躍り出た真実の契機が存在する。

そして現在スタンフォード大学は、大学発テクノロジーの創業に対して独特のインキュベーション文化を育んでいる。ジェネンティック、ヤフー、ネットスケープ、ＳＵＮマイクロ（SUN: Stanford University Network）、シリコングラフィックス、Google など、活躍めざましいテクノロジー・ベンチャーの起業を大学全体が支援している。しかしながら、こうした起業文化は、戦前１９３０年代のＨＰに対するＦ・ターマン教授の研究室門下生に対する個人的な創業支援に端を発している。つまり、スタンフォード大学の全職員・学生に、偉大なＨＰ創業の歴史がＤＮＡとして注入されたのだった。

スタンフォード大学は、現在ノーベル賞受賞者数で世界屈指の研究大学として知られているが、大学創設から40年ほどしか経たない１９３０年代には、豊かな果樹園にある小さな西部の田舎大学に過ぎなかった。**それを、ターマン教授と教え子達の活躍が決定的に変えたのだった。産学連携が大学を変え、大学は世界最高峰の研究大学へと発展した。同時に、ＨＰ以来の大学発ベンチャーを生み出すＤＮＡは、Google をはじめとする革新的な世界的テクノロジー・ベンチャーを次々と輩出している。**

だが、最初のＨＰの製品はターマン教授の研究室派生技術であった。また、その後の恩師の導きがなければ、ＨＰは有力企業の技術担当役員に会うことも、試作品の見込み客リストを得ることも不可能だった。しかも、スタンフォード大学が組織的にこのようなインキュベーション・ポリシーを採用したのは、戦後１９５０年代に入ってからの事象である。それ以前、ＨＰの起業に対する支援は、**卒業生と恩師の個人的な関係に過ぎなかった**。同様に、わが国においても関係者のみが知る大学が関わったＯＢ起業は、戦前から存在する。

米国のケースと日本で決定的に異なる点は、企業家精神が大学や地域社会によって堂々と評価され、卒業生も収益を大学に目にみえる形で具体的に還元していった点だ。日本では、そうした支援は常に個人的かつ水面下で非公式に行われてきた。この違いはビジネスに対する大学評価の米国と日本の違いにも由来する。なぜなら、日本の大学との根本的差異は、企業家精神を規範とする大学が企業家精神を遂行する起業家を育むことを通常の大学教育活動のミッションに加えることが、米国ではかねてから公に行われていたことの違いによる。

１９５０年代初頭、スタンフォード大学は「スタンフォード・インダストリアル・パーク」を創設し、地元産業との結びつきをさらに強めた。このときもターマン教授の努力によって、パロアルトのキャンパスに隣接する二・三平方キロメートルの土地は、研究所・事務所・軽工業施設の用地として開発されることになった。企業は、きびしい用途地域基準と建築制限のもとに、スタンフォードから土地を賃借し、建物を設計、建設した。

１９５６年、われわれはここに二つのビルを建設した。バリアン・アソシエイツが最初にこの地区に入ったが、数年後には、ＨＰが地区最大の企業になり、十万平方メートル以上の施設を建設した。スタンフォード・パークは、アメリカでも初めての試みで、現在は八十以上の企業や団体が土地を借りている。HPと同様に、**大学の、とくに工学部やビジネススクールと密接なつながり**がある企業が多い。(2)

4　まとめ：イノベーションの主役はテクノロジー・ベンチャー

HPは、技術と人材を大学から獲得し、大学はベンチャー企業への支援を通じて富と世界的名声を獲得した。その結果、こうした場にベンチャーを育む支援人材が集積し、さらなる大学発ベンチャーの創出に対して実経験に基づく貴重なアドバイスと投資がなされていった。その結果、スタンフォード大学周辺には、のちにシリコンバレーと呼ばれる特有なハイテク集積地域が形成されていった。

ひるがえって、しばしば私たちは日本国内においても「シリコンバレーのようなハイテク集積クラスターを地域に創造したい」との声を、自治体や政策官庁から耳にする。その実現のために、はじめに工業団地造成・オフィスビル建設などが行われる。しかしながら、HPの起業にあたって、彼らの起業場所は自分たちで借りた民家の10坪にも満たないガレージだったし、インフラは一般家庭にある電気・ガス・水道に過ぎなかった。

むしろ重要だった点は、大学の研究室が、教授の指導の下に試作技術を提供したこと、同じ研究室の仲間が参加してくれたこと、最初のマーケティング先候補となるOBと企業を指導教授がやさしく教えてくれたことだった。**つまり、創業に求められたものは、ハードではなく、暖かい師弟愛に満ちた大学で生まれたてのサイエンスだった。**それゆえに、もしもわが国のどこかの地域が第二のシリコンバレーを望むなら、同様に、こうした地域の大学が地域に自ら創業コミュニティーを形成する師弟愛とサイエンスが欠かせない。

そして現在、都道府県に設置された国立大学法人理工系学部や国立工業高専の地域における真の役割がここに存在する。なぜなら、Ｊ・ワットを育んだグラスゴー大学も、ＨＰ・Googleを生んだスタンフォード大学も地方の辺境大学だったからだ。**だとすれば、こうした地方の理工系学生に対する企業家精神に関する教育の重要性は論を俟たない。アダム・スミス教授やＦ・ターマン教授の実績が全てを物語っている。**[3]

注

（1）Ｄ・パッカード著、伊豆原弓訳（1995）『ＨＰウェイ』日経ＢＰ出版センター、36頁。
（2）同上書、85頁。
（3）なお、本書では取り扱っていないテクノロジー・ベンチャーや企業家の歴史と背景に関して、筆者の瀬戸が同じビジネススクールで担当する講義録をまとめた小樽商科大学ビジネススクール編『ＭＢＡのための企業家精神講義』（2012、同文舘出版）があるので、参照されたい。

第一部

戦前日本の核心的イノベーション
造船・航空機・レーダー

戦後日本の驚異的な経済復興の背景には、一般的に、敗戦直後に占領軍主導で強行された財閥解体と農地解放、朝鮮戦争勃発に伴う特需景気、東西冷戦に起因する米国の対日市場開放、日米安全保障条約に基づく日本の一方的軍備軽減、等があげられる。

しかしながら、背景にいくら恵まれようとも肝心なメカニズムの起動なしに経済は発展しない。戦後の経済発展メカニズムを議論するとき、戦前、日本人によって行われた数々のイノベーションを私たちは忘れることができない。戦前日本は、世界に誇るべきイノベーションを多数生み出していた。それらは、戦前から戦後にかけて国内で高く評価された以下の発明群によって、端的に物語られよう。

1930年昭和天皇賜餐「第一回十大発明家」

①鈴木梅太郎（ビタミンB1、ビタミンA）、②杉本京太（邦文タイプライター）、③御木本幸吉（真珠養殖）、④山本忠興（テレビジョン）、⑤密田良太郎（水銀避雷器）、⑥蠣崎千晴（牛疫ワクチン）、⑦二代目島津源蔵（蓄電池）、⑧本多光太郎（KS鋼、新KS鋼）、⑨田熊常吉（ボイラ）、⑩丹羽保次郎（NE式写真電送機）

1939年：昭和天皇賜餐「第二回十大発明家」

①三島徳七（MK鋼）、②大河内正敏（ピストンリング）、③岡村金蔵（油母頁岩乾留法）、④梅根常三郎（赤褐鉄鉱選鉱法）、⑤棚橋寅五郎（無機薬品の製法）、⑥安藤博（多極真空管）、⑦浅尾荘一郎（光電管）、⑧古賀逸策（水晶振動子）、⑨岡部金治郎（マグネトロン）、⑩朝日奈泰彦（ビ

タカンファー）

1985年特許庁選定「日本の十大発明家」

①豊田佐吉（木製人力織機、自動織機）、②御木本幸吉（養殖真珠）、③高峰譲吉（タカヂアスターゼ、アドレナリン）、④池田菊苗（グルタミン酸ナトリウム）、⑤鈴木梅太郎（ビタミンB1、ビタミンA）、⑥杉本京太（邦文タイプライター）、⑦本多光太郎（KS鋼、新KS鋼）、⑧八木秀次（八木・宇田アンテナ）、⑨丹羽保次郎（NE式写真電送機）、⑩三島徳七（MK鋼）

特に戦前天皇家によって表彰された20件の発明の多くは、広く世界を驚かせるイノベーションであった。同時に、**戦後の1985年に特許庁が選定した10大発明がすべて戦前の日本人によって為されていた事実を、私たちは重く受け止める必要がある。**だからこそ、戦前から戦中にかけて日本人エンジニア達によってなされたイノベーションの歴史を、曇りのない澄んだ眼でもう一度振り返る必要があるのだ。そこには、戦前から戦中に日本人が為し得たイノベーションの成功と、為し得なかったイノベーションの失敗が、歴史的事実として厳然に存在する。

日本人ならば、「戦艦大和」と「零戦」の名前を一度ならず聞いたことがあるだろう。だが、「戦艦大和」は第二次世界大戦で急激に発展した航空戦力の前に無力で、ただ沖縄への特攻攻撃によって3000名を超える乗組員とともに沈んだ悲劇の戦艦として知られる。「零戦」もまた悲劇の特攻機としての記憶が戦後日本人の感情を苦しめる。だが、もしそうだとしても、それらが現在もなお世界の技術史上で多大な評価を得ているのはなぜだろうか。

第二部では、悲惨な戦争の記憶からいったん身を離し、産業技術史の観点から客観的に戦前・戦中におけるイノベーションの進化および、戦後へのテクノロジー継承について分析する。イノベーションの主人公は、造船・航空機・レーダーである。

１章　戦前戦艦から戦後タンカーへ

１８６８年の明治維新以来、日本はもてる資源すべてを投入して欧米からの工業技術力導入と国内産業育成に全力を尽くした。そして、**造船とくに最新軍艦建造（建艦）に関する限り、すべて英国を中心とする海外からの技術導入と国産化の歴史であった。**

１　広島・海軍呉工廠と海軍造船士官

１９０５（明治38）年の日露戦争当時、重化学工業化における日本の産業革命はいまだ着火せず、自国産業のインフラとなる鉄鋼生産は、１８９５（明治28）年の日清戦争勝利から得た賠償金を基に１９０１（明治34）年、九州官営八幡製鉄所で始まったばかりであった。すなわち、１９０１年とは、日本初の大型高炉の初操業に向けて準備を進めていた日本における産業革命の始まりでもあった。

その結果、国内で鉄鋼の近代的量産化が可能になり、初めての国産大型戦艦の建造が明治末期に着手された。1914（大正3）年、英国やフランスで建造技術を学んだ日本海軍造船官たちは、国産戦艦第1号「河内」（2万トン、30・5センチメートル×4門）を「海軍横須賀工廠」で完成させた。同時に、2号艦「摂津」が「海軍呉工廠」で完成する。2艦ともに当時の世界最大級の弩級戦艦であった。こうした事実は、世界特に英国・米国をひどく驚かせ、米国は日本を最大の仮想敵国とする「オレンジプラン」と呼ばれる海軍増強計画に着手した。

以後、戦艦建造の主役は、広島郊外の呉に1891（明治24）年操業開始した「海軍呉工廠」となった。海軍工廠とは、海軍で用いられる艦船や搭載砲、装甲版、そして航空機などを開発・製造する日本海軍の直営軍需工場であった。工廠は、世界最高水準の工作機械を広く世界に求め、海軍最高のエンジニアと職工を集め、はじめに国産化するすべての新鋭1号艦を建造した。その後、この同型艦建造に際して、その設計図と建造技術を民間造船所にも積極的に伝授するマザー工場としての機能を有していた。

海軍呉工廠の変遷1895―2013

1895（明治28）年　「仮設呉兵器製造所」設立、小野浜造船所閉鎖
1897（明治30）年　「仮設呉兵器製造所」は「呉海軍造兵廠」に改称、呉初の軍艦「宮古」進水
1903（明治36）年　「造兵廠」と「造船廠」が合併、「呉海軍工廠」となる

1911（明治44）年「4番船渠（ドック）」完成、後に戦艦「大和」を建造するドックとなる。
1937（昭和12）年11月4日「戦艦大和」呉工廠4番ドックで起工
1941（昭和16）年12月16日「戦艦大和」完成
1945（昭和20）年10月15日　敗戦により呉海軍工廠廃止
1945（昭和20）年「播磨造船所呉船渠」開設（呉工廠全ドック5基と工作機械、人員3751名を国から借用）
1952（昭和27）年「NBC呉造船部」開設（「戦艦大和」を建造した4番ドックを含む3つの大型ドックを国から借用）
1952（昭和27）年3月　世界最大タンカー「ペトロクレ3万8000重量トン」を4番ドックで起工、同年11月進水
1957（昭和33）年7月　世界最大タンカー「（出光興産）ユニバース・アポロ11万4000重量トン」起工、同年12月進水
1954（昭和29）年　呉船渠は播磨造船所から独立し、「株式会社呉造船所」設立
1962（昭和37）年　NBCは呉造船部を「呉造船所」へ譲渡
1968（昭和42）年「石川島播磨重工業」が呉造船所を合併
2002（平成14）年　石川島播磨重工業から船舶部門分離し、住友重機が合流した「IHIマリンユナイテッド」呉工場になる

2013（平成25）年　NKK・日立造船が合併した「ユニバーサル造船」が加わり、「ジャパンマリンユナイテッド」呉事業所になる

（出典：各社資料から編集統合）

呉工廠では、現在までその大きさと性能で世界に比すべき存在がない超弩級「戦艦大和」をはじめ、主要な戦艦・航空母艦・巡洋艦・駆逐艦と潜水艦が建造された。そうした意味で、呉工廠は1941年時点で職員9万人を抱える世界的トップクラスの規模・技術水準に達していた。そこに、日本造船界を支える頭脳が「海軍技術士官（＝造船官）」として結集した。(1)

当時、造船学科を有する国内大学は、東京帝国大学と九州帝国大学の2校しかなかった。だから、海軍で艦艇建造を志向する若者は、海軍機関学校へ進む少数のエリートをのぞき、東京か九州を目指した。もちろん、これらの大学の教授陣に、経験豊富な元海軍技術者が数多く在籍していたことはいうまでもない。「軍艦建造の神様」と世界に名を知られた平賀譲造船中将（東京帝大造船学科卒）は、1931（昭和36）年に予備役編入後、当時兼任していた東京帝大へ移籍し、工学部長を経て1938（昭和13）年に東京帝大第13代総長に就任した。だから、帝国大学における勉学内容と卒業後の進路は一致し、学生の就職先は海軍か民間造船メーカーの選択しかなかった。

ちなみに、「戦艦大和」の設計主任であった牧野茂海軍技術大佐は東京帝大造船学科1925（大正15）年卒（のち海軍よりフランス国立造船大学に2年間留学）で、おなじく「戦艦大和」の船殻

主任（建造責任者）であった西島亮二海軍技術大佐は九州帝大造船学科1926（昭和元）年卒（のち独駐在監督官）だった。そして、戦後、米国NBC造船の支配下に入った旧海軍呉工廠の日本側現場代表者であり、のち民営化NTT初代社長の真藤恒（ひさし）も九州帝大造船学科1934（昭和9）年卒で播磨造船入社組であった。

もともと戦前の海軍では、医学・歯学・薬学などの大学卒業生を医務科士官として、法学・経済・商学の卒業生を主計科士官として、理工学の卒業生を技術科士官として、明治以来少数ながら毎年定期採用していた。彼らは、高等文官試験合格者と同等以上の待遇が与えられ、かつ任官と同時に「高等官」となった。現代の「国家公務員Ⅰ種試験」合格者が本省課長にすぐになれないのと同様に、戦前の一般的な「高等文官試験」合格者は一定期間「判任官」としてのキャリア（つまり高等官候補）を過ごさねばならなかった。帝国大学においても高等官待遇は「助教授」就任以降だった。

だが、大学卒業後に1年半程度の海軍士官実習訓練を終えた医務・主計・技術の各科士官は、いきなり高等官＝技術中尉となった。そこに、海軍流のエリート育成策の神髄があり、給与も民間学卒初任給が月額55円程度だった当時、月額85円と5割増しの高給だった。紺の上下に金ボタン、白手袋、短剣を下げた海軍技術科士官は、女子学生のあこがれだった。

特に、造船分野の技術科士官と文官である海軍技師を含めて、両者が「海軍造船官」と呼ばれた。これら技術科士官の最高位は中将止まりであったとはいえ、広く国民に尊敬された。戦後も、造船官だった元技術科士官への信頼と尊敬は厚く、彼らの多くは民間造船メーカーの役員・顧問に就任し、戦後の民間造船をリードした。そして、**この超エリート海軍エンジニアたちが、のち敗戦という過酷な現実に直面して、ひるむことなく民間造船エンジニアに転じたことが、戦後日本の造船立国に貢献した真の理由である。**

海軍技術科士官の中でも、軍艦の設計と建造を担った造船士官は、日本がまだ戦艦建造ができなかった明治の終わりから大正期の頃、彼らは英国などに発注される日本海軍向け戦艦建造時に相手先ドッグに、「帝国海軍造船監督官」として戦艦完成まで派遣された。これら造船の技術科士官たちは、すでに東京帝大・九州帝大の超一流教授陣によって教育を受けていたので、もはや他国の大学に学ぶ必要はなかった。それゆえ、彼らは、軍艦建造の進捗状況把握ならびに先方造船技術のどん欲な吸収が求められた。それは、日本を離れ、外国語と外国技術を学ぶ最良の留学形態でもあった。だから、こうした豊富な欧州経験をもつ彼ら技術科士官たちは、くつろぐときにポーカーとスコッチをよくたしなんだ。海軍に「ニッカ・ウヰスキー」が愛された所以であろうか。

彼らの大半は、海軍士官訓練を経て任官後、海軍の直営造船所である国内各地の海軍工廠に配属された。中でも広島の呉工廠は、その規模（職員9万人）と建造技術力で戦前世界のトップに達していた。「戦艦大和」は、世界最大かつ最強の重防御・重武装戦艦であり、呉工廠で4年がかりで建造され1941（昭和16）年12月16日に竣工した。たとえどれほどの軍による情報管制があったとしても、世界一の戦艦建造に携わった数万の職工と家族の誇りと名誉ははかりしれない。たとえどのような円高で苦しんでも国内＝広島での生産を決してあきらめない今日のマツダの背景には、こうした地元の誇りが存在する。

2　1941年12月「戦艦大和」建造

世界に比類なき「戦艦大和（基準排水量6万9000トン）」（1941（昭和16）年広島海軍呉工廠製）と姉妹艦「戦艦武蔵（同）」（1942（昭和17）年三菱重工長崎造船所製）は、世界で未だ搭載されたことのない46センチメートル砲三連砲塔（一砲塔あたり自重2700トン）を三連射×三砲塔の計九門搭載し（砲弾重量1・5トン、最大到達距離42キロメートル）、側面の装甲坂の厚さは410ミリメートルに達しながら最大速度27ノットで航行可能な世界最大級の超弩級戦艦であった（図表1－1、1－2、1－3）。

そして、このような巨大戦艦を、それ以前もそれ以後も主要海軍国である英・米・ソ連・仏はついぞ建造することがなかった。

「戦艦大和」は、1922（大正11）年にワシントン軍縮条約が結ばれ（同時に日英同盟破棄）、英・米・日・仏・伊の主力艦保有比率が5：5：3：1・75：1・75と決定された。条約の有効期限が到来する1936（昭和11）年をもって同条約を一方的に廃棄する方針を決定した日本海軍内部では、1934（昭和9）年に新しいデザインの超弩級戦艦の仕様検討を開始した。その結果、1936（昭和11）年7月に「A140F5（140番目戦艦の5番案）」計画が海軍技術会議で承認された。

図表 1-1　大和型戦艦「大和」と「武蔵」比較

	大和型１号艦「大和」	大和型２号館「武蔵」
基準排水量	６万 4000 トン	６万 5000 トン
着工	1937 年 11 月	1938 年３月
完成	1941 年 12 月	1942 年８月
造船所	広島海軍呉工廠	三菱重工長崎造船所
費用	２艦あわせて 1.3 億円（=現在価値約１兆円）	

図表 1-2 「大和」

図表 1-3 「武蔵」

図表 1-4 第二次世界大戦時の主要戦艦比較

戦艦名	「ビスマルク」	「プリンスオブウェールズ」	「大和」	「アイオワ」
建造国	ドイツ	英国	日本	米国
就役年／月	1940／8	1941／1	1941/12	1943/2
基準排水量（トン）	4万1700	3万6727	**6万4000**	4万8500
全長（m）	251	227	263	270
最大速度（ノット）	30.8	28.0	27.5	33.0
武装 (cm×門)	39.1×8	35.6×9	**46.0×9**	40.5×9
定格乗員（人）	2092	1521	3332	2788

これがのちの「戦艦大和」である。

そして、1937（昭和12）年11月4日に海軍呉工廠で起工され、起工式には、呉工廠長・豊田禎次郎中将、設計者主任・牧野茂海軍技術中佐（当時）、船殻主任・西島亮二海軍技術中佐(当時)らが立ち会った。ここから、戦艦大和に関して「設計の牧野、現場の西島」といわれるようになる。そして、4年後の1941（昭和16）年12月16日、日米開戦の8日後に超弩級「戦艦大和」は完成し、海軍に引き渡された。図表1－4に開戦当時の主要4カ国が保有ないし建造中であった主力戦艦の概要を比較する。

同じ1941年に建造された英国最新鋭の超弩級戦艦「プリンスオブウェールズ」と「大和」を比較すると、同艦は「大和」の排水量と武装面で2分の1に過ぎず、速力は両艦ともに同じであることがわかる。**まさに、大人と子供の差に近い。英国に学んだ日本が、先生と仰いだ英国造船エンジニアリングを、「戦艦大和」建造によっ**

て追い越した瞬間であった。そして不幸なことに、このことが日本海軍をして対英米開戦を決断させる誘因の1つにもつながった。

「戦艦大和」建造に先立ち日本海軍は、戦艦を守る甲板（アーマー：装甲板）、砲身、砲塔の原材料となる最高品質の鍛造鋼をあらかじめ国産化するため、日英同盟の下で英国から積極的な鋼鉄製造技術導入を図り、１９０７（明治40）年に北海道炭礦汽船（旧北炭）資本50％と、英国アームストロング社資本25％、英国ビッカース社資本25％の日英合弁により、北海道室蘭町（当時）に「日本製鋼所（ＪＳＷ）」設立を牽引した。現代に至る巨大な室蘭製鋼所工場が、多数の英国人技術者指導の下、室蘭に建設された。室蘭は、内陸部夕張からの道産石炭が運び込まれ、かつ太平洋に面した岩盤で形成された深い良港をもち、巨大な鍛造製品を搬出するための国内最良の選択であった。当然、北海道の電力供給と鉄道輸送網もここに結集された。

戦後同社は、大型船や火力・原子力発電所向けのローターシャフト、原子炉圧力容器等を生産する世界的企業へと発展した。同時に、１９４２（昭和17）年に戦艦・製鋼製造にかかわる高度技術者を養成するため室蘭高等工業学校（現室蘭工業大学）が地元に設立された。こうして、大和など戦艦向け砲塔は室蘭で製作され、海路呉工廠に運ばれた。さらに、航空母艦の滑走路上部を覆う75ミリメートル装甲板も国内唯一室蘭で製作され、呉工廠や横須賀工廠に海路運ばれた。敗戦時、世界に7基しか存在しなかった1万トン・プレスのうち、4基は共産圏にあり、西側圏にあるわずか3基のうちの1基（独製）が室蘭の日本製鋼所にあり、現在も稼動している。(2)

「戦艦大和」は、船体の巨大さのゆえに戦後賞賛されているが、海軍造船士官たちが最もこだわった点は、これだけ小さな船体にこれほど強力な艦載砲をもった戦艦が歴史上存在しないことだった。なぜなら、戦艦大和の横幅は、米国東海岸攻撃のためパナマ運河を通過可能な最大サイズとして設計されたからだ。その大きさについては、前間孝則著『戦艦大和誕生（上）』が見事に伝えている。

ところで、一号艦（大和）は船底から最上甲板まで19・165メートルあり、船体は六層構造になっていた。厚さ1・4メートルの二重構造の船底は、ビルでいえば基礎と床に相当する。その上部の中央に高さ8メートルほどの缶室（ボイラー）、主機械室（メインエンジンルーム）があり、ここまでがいわば地下室で、その天井が下甲板である。一階は高さ四メートルほどで、煙突、倉庫、発電機室、無電室があり、その天井が中甲板で、それをすっぽりと甲鉄がボックス状におおう。その上には、2・5メートルほどの高さの兵員室や士官室が並び、天井が上甲板となる。その上が長官室、将官室、兵員室、士官居住区となり、天井がビルの屋上にあたる最上甲板である。これら六層構造の建物の工事がすんだあと、ようやく屋上に大物の砲塔や、艦橋（最上甲板から高さ31メートル、十階建てビルに相当）、測距儀、エレベーター、高射砲などの構造物が所狭しと設置される。(3)

軍事・民間を問わず全ての造船プロセスは、①前半部：船殻作業（＝ボディー建造）→〈完成進水式・命名〉→②後半部：艤装作業（＝装備品取り付け）→〈完成竣工・就役〉と2段階を踏む。早期艤装とは、①が完了しないうちに②に着手する工法をいう。「戦艦大和」建造のために、それまで準備されてきて応用された技術、さらに新たに生み出された数々の英知と技術が、「戦艦大和」の技術資産となって携わったすべての技術者・職工たちに蓄積された。こうした「戦艦大和」で実証された技術資産は、戦後造船そして自動車を含む全産業で今日も活用されている。それらの技術とは、前掲書『戦艦大和誕生』によると以下のとおりである。

(1) 工数統制と能率曲線

西島技術中佐は、「戦艦大和」の3万枚におよぶ図面を1枚1枚検討した結果、大和の船殻に使われるリベットの予定総数は609万72本（実際は615万3300本＝プラス1・03％の誤差）、溶接の全長は34万7564メートル（実際は34万3422メートル＝マイナス2・05％の誤差）で、水圧試験の区画数（立方体の区画ができるたびに注水加圧して漏水がないかテストする総対象数）は1682と算出した。そこから、船殻工事の推移を示す工場別、職区別の「工数統計」をはじき出した。それらの3つの推移は縦軸に工数、横軸に時間としてグラフ化すると「能率曲線」となり、しかも曲線は作業の進展に伴って互いに均衡し、上昇曲線を描く。この均衡が破れる場合に工事の進捗に問題ありとして、西島技術中佐は原因まで探って早め早めの手を打った。

それまでの造船業は、現場次第のどんぶり勘定出来高払い制だった。だが、それでは造船コストの半分を占める**人工×日数**を正確に推定できず、結局、受注見積もり段階で、大目に見積もって受注競争に敗れるか、少な目に見積もって赤字受注となってしまう。こうした厳密な個数管理を海軍最大工廠で軍人が指揮して実現したことが、戦後日本の民間造船界、特に二番艦「戦艦武蔵」を建造した最大手の三菱重工に対して重大な影響を及ぼした。

(2) 早期艤装

早期艤装は、「戦艦大和」建造で全面的に取り入れられ、戦後日本造船の躍進を可能にした工法で、工廠部材部門や装置メーカーが計画段階であらかじめ船殻、艤装の両工事を平行して進められるように綿密に順序の組み合わせを想定したものである。したがって、担当部門やメーカーは、各部材や搭載装置機器がその計画どおりに納入されるように、周到な手配を行っていた。しかも、(1)の工数統制と能率曲線に従っていることから、早期艤装は工事の進捗が日単位・週単位で管理されて初めて機能する手法だった。また、同手法は、船体の建造過程で、巨大な艤装品（艦橋、機械室など）が、船体進水前から適時取り付けられることを意味した。

西島技術中佐は、「『早期艤装』を完全に成功させるためには、軍艦では船殻工事の区画工事毎の完成とか、実物大模型の製作とか、出図の促進とか、制式（部品）の制定とか、材料の統制とか、工数の統制とか、他部関係工事の推進等巧妙に実施しなければ効果をあげ得ない」[4]と述べている。後述するように、敗戦後しばらくして呉工廠がＮＢＣ呉造船部となったとき、西島技術中佐の下で同手法を学んだ真藤恒部長（のち石川島播磨重工社長）が、同手法を全面的に採用した結果、他メーカーにも全面普及したといわれる。

(3) ブロック建造法

(2)「早期艤装」に加えて、船殻全体をブロック化することで早期艤装はさらに精度を増す。なぜなら、船殻のブロック化と艤装のブロック化は同義であり、船体と艤装を一体化したブロック工法によって、戦後の国産巨大タンカーは他国に比べ建造時間・人員ともに50%以上の短縮化が可能となった。『戦艦大和誕生(下)』によると、「縦強度に関係のない上部の構造物、すなわち前後部艦橋並びに、その間にある高射砲や探照灯を装備してある甲板等の構造は、皆陸上で起重機の力量の宥すかぎり、できるだけ大きなブロックに電気溶接で組み立ててから、現場へ搭載された。ブロックは、高さ11メートル、重さ80トンという大きなものもあった」という。(5)

(4) 電気溶接と大径棒溶接

「早期艤装+ブロック建造法」を現場に適応するためには、ブロックとブロックの継ぎ目を電気溶接で次々となめらかに溶接する技術が欠かせなかった。だが、「戦艦大和」以前の戦艦は海外も含めて「リベット(鋲)」で鉄板と鉄板がつなぎ合わされる工法をとっていた。昭和の初めから小型艦から部分的に「電気溶接」が取り入れられたものの、初期には大風雨の演習時に採用された艦の船首が引きちぎれるなどの事故が相次いだ。それにもかかわらず、「戦艦大和」船殻主任だった西島亮二技術中佐は、同艦建造にあたり先進国ドイツでの出張研究も踏まえ、後に呉工廠内で開発に成功した「大径棒溶接」を用いた「電気溶接」を、自ら取り入れたブロック化工法にあわせて、縦強度構成材の接合を除き全面的に採用した。

その結果、「戦艦大和」は軽く、早く、建造された。具体的には、旧式のリベット工法による「戦艦長門（3万2700トン）」の196万工数より、排水量が2倍ある電気溶接工法を大幅に取り入れた「戦艦大和（6万4000トン）」の工数は201万工数に過ぎなかった。そして、「戦艦大和」は4年間の戦争中、最後の特攻出撃まで何らの構造損傷も見られない堅牢ぶりを実証し、関係者を納得させ、戦後の電気溶接全面採用への道を開くモデルとなった。「戦艦大和」は戦後に引き継がれたといわれる所以である。

(5) 球状艦首

球状艦首は、「戦艦大和」設計で初めて採用され、戦後の巨大タンカーに不可欠な構造となった。この新構造により、「戦艦大和」の推進時水中抵抗は8％も低下した。建造時、球状艦首は西島技術中佐の指示で複数ブロック化され、ブロックごとに呉工廠内の甲鉄工場で熟練工が25ミリメートル鋼材をバーナーであぶってからハンマーでたたいて曲げる行程を繰り返し、その後鋲打ちして内部構造材に外板として固定するという、現代でも日本の造船所で行われている高度な**科学と職人技の融合**によって製作された。最終的に、これらのブロックは1つにまとめられ球状艦首となり、2日間で戦艦大和の前部喫水線下船首部に取り付けられた。

こうして、造船における幾つものイノベーションによって、「戦艦大和」は当初想定工数（作業量）の68%という驚くべき高能率・低コストで竣工した。その結果、同型で民間である三菱重工長崎造船所が建造した「戦艦武蔵」より2ヵ月も短く完成した。両艦ともにエンジン・砲塔・甲鉄を呉工廠や横須賀工廠が供給し、同一の設計図により、「戦艦武蔵」は「戦艦大和」に比べて4ヵ月遅れで着工した同型二号艦であるにもかかわらずである（通常、二番艦以降は一番艦に比べ経験も増すことで、作業能率が高まり工数も減ることが一般的である）。その結果、呉工廠の合理的生産管理システムの優秀性は確かに実証された。

その理由は、「現場親方」と愛称を込めて職工たちに呼ばれた船殻主任・西島亮二技術中佐の強烈なリーダーシップにあった。そして、同中佐によって導入されたさまざまな新工法が実を結んだ結果であった。**戦後、日本造船業界は自由人となった西島元技術中佐（終戦時大佐）の技術指導を存分に受けながら、「戦艦大和」を造った高度な生産管理システムを一挙に導入した。**西島技術中佐が編み出した「西島能率曲線」は、その後、石川島播磨重工をはじめとする国内造船メーカーがコンピュータ・シミュレーションしてもほとんど数値を代える必要がなかったといわれるほどの驚くべき精度であったという。

加えて、大和建造のために準備されたドック・製鉄所などのインフラ設備と、鋼鉄製造法・砲塔およびタービン軸加工作製法・溶接およびブロック工法などの先端テクノロジーは、戦後すぐに4万－20万トン級巨大タンカーの建造に活用された。これらの巨大タンカー群は、戦後まさに「戦艦大和」の建造ドックとクレーンを用いて建造されたのであった。まさに人に宿るテクノロジーは、今日も日本産業の屋台骨を支えている。

こうした産業の現実を直視せず、幻想としての経済サービス化を推進した国家が英国だ。現在の英国には、巨大タンカーはおろか自国向け大型客船を建造するドックも、自国資本の自動車産業・鉄道産業も消滅した。だから、英国は戦後、戦勝国にもかかわらず膨大な貿易赤字と失業に苦しみ、その赤字分を観光サービスや北海油田が支えている。その結果、英国大学工学部在学中の大学生が卒業前にメーカー内定するケースは例外的だ。彼らを未来のエンジニアの卵として期待して雇用する世界的メーカーが家電など例外をのぞき、もはや英国にはほとんど存在しないからだ。日本がかつて学んだ英国の悲劇を日本は繰り返してはいけない。なぜなら、すでにわかっている未来だからだ。

3　戦時下の呉工廠

戦中の呉工廠は、あまりにも多い大型損傷艦の修理に24時間稼働を続ける一方で、少数の大型潜水艦や特攻用人間魚雷「回天」などの新造を除けば、あらたな戦艦や空母を新規建造している資源も余裕も失われていた。戦場で深く傷つき、僚艦に曳航されながらやっとの思いでたどり着いた呉工廠で、未だ、遺体の一部が散乱する大破した艦艇の受入と修理、そして戦訓から得られた艦艇の

図表 1-5　改E型戦時標準船

（出典：http://megurokai-h.jugem.jp/?month=201101 より転載）

大規模改修に追われ、旧制女学校生を主とする「女子挺身隊」や男子学徒動員を含め呉工廠は24時間稼働した。

戦争は非情である。海軍技術士官（戦中に、それまでの「技術科士官」「造船官」は、他分野と統一して「技術士官」と呼ばれるようになった）たちは、ただ勝つためにあらゆるエンジニアリングを投入して巨大戦艦、空母、重巡、駆逐艦、潜水艦を作ってきた。だが、彼らは、東南アジアと日本を結ぶシーレーンで、石油やゴム、飛行機製造に欠かせないアルミニウム原料のボーキサイトなど鉱物資源を運ぶ輸送船が米国潜水艦によって片端から魚雷攻撃を受けて沈んでゆく状況に直面した。元々、攻撃のみを重視して、シーレーンを守る護送船団の発想がなかった日本海軍は、前線で米国海軍と死闘を繰り返すうちに、大切な資源輸送防御の手薄さを米国海軍に見抜かれ甚大な被害を被っていた。だから、空母・駆逐艦・潜水艦からなる護送艦隊を、東南アジアからの輸送船防衛に最優先で振り向けるべきだった。だが、後述するレーダー無しに現実的な防衛は不可能だったろう。実際に撃沈された日本商船は２５００隻以上。死亡した商船員６万人、輸送途上戦死した兵士が10万人以上であり、あまりにも多くの犠牲を日本海軍は民間商船隊に強いてしまった。

ところが、ゴム・ボーキサイトなど戦争資源に優れる東南アジアと日本本土を結ぶ民間商船の被害が激増するにつれて、海軍ですら本来民間業務である（つまり逓信省管轄の）輸送船建造を任務とせざるを得なくなった。その際考えられたのが「戦時標準船」である。同船は、性能や使い勝手、耐久性を無視し（普通20年以上を5年標準とされた）、作り易さと大量生産のみを考えた民間船舶であった。そのため、余計な装備を簡素化し、エンジンなどの艤装品を標準化して、簡易的かつ大量に建造可能な工法が大幅に採用された。

海軍要請に基づき、国内民間造船所において建造された「改E型」戦時標準輸送船（880総トン）の場合、「戦艦大和」で採用されたブロック工法と電気溶接技術を全面的に活かした設計が、西島技術中佐の命令で播磨造船の真藤恒技師（のちNTT初代社長）によってなされた。1942（昭和17）年の秋だった。そして翌年「改E型」戦時標準船の生産が始まった（図表1―5）。1隻あたりの建造期間は、徹底的な設計標準化とブロック工法（船の船首・胴体・船尾の3分の1ずつ工場でつくり、後で接合する）によって、2日に1隻の割合で完成する奇跡が、三菱重工若松造船所と播磨造船松の浦造船所で実現した。

まさに、**戦時という極限時に達成された生産技術の奇跡**であった。これが戦後造船大国日本の「戦艦大和」と並ぶもう1つのテクノロジー・ルーツとなった。しかも、このような生産技術は、従来、「戦艦大和」に象徴される世界に誇れる一品モノの優れた海軍艦艇のみを造り続けてきた海軍工廠（直営造船所）と海軍技術士官たちにとって革命的な事態であり、戦前には存在しなかった。

こうした中、かつて同じ学校を卒業した技術者達は、軍、民間を問わず死にものぐるいで知恵を絞り、現場の工員達は未熟な勤労学徒を含めて1日24時間体制で船を造った。この経験と努力が、それまで海軍に存在しなかった「低品質鋼材を使ってハイスピードで建造する合理的建造法」、「鋲一つ無駄にしない生産コスト低下」に劇的に貢献した。

4 敗戦と呉工廠

日本敗戦の翌日1945（昭和20）年8月16日、海軍省艦政本部（艦隊の建造計画をすべて立案決定する組織）第四部長・江崎技術中将から、播磨造船に一通の電報が飛んだ。内容は、翌日の海軍省への出張要請であった。夜行列車で上京した播磨造船担当常務の六岡周三（1918（大正7）年東京帝大造船卒、播磨造船入社、のち播磨造船社長・石川島播磨重工相談役、日本造船工業会長）は、8月17日霞が関の海軍省に出頭した。それは、日本占領を目指す連合軍最高司令官D・マッカーサー将軍が厚木海軍航空基地に到着する、ちょうど13日前のことだった。

飯尾憲士著『艦と人』によると、六岡は艦政本部の応接室で、西島技術大佐の上司で、海軍電気溶接の父・東京帝大造船学科のクラスメートで親友の福田烈に会った。福田は「日本海軍は、もう無くなった。それで、呉工廠を君の会社で引き受けてもらいたいのだが」と六岡に言った。六岡は早くも日本の造船の将来を計っている申し出にその場で承諾したという。[6]

呉工廠は、総額233億円（「大和」・「武蔵」2艦建造予算の179倍すなわち179兆円相当）、土地1382万平方メートル（418万坪）、ピーク時職員9万人、戦艦大和を建造した第4ドックを含む計5基の大型ドックと100トンクレーン、残存機械2万台の世界一の規模を誇る造船所だった。

どうして、同造船所が一民間造船会社に託されたのであろうか。『戦艦大和誕生（下）』[7]によると、GHQ（日本占領を目的とする連合軍総司令部、主体は米軍）は当初、徹底的な財閥解体と非軍事化を占領目的としていた。呉工廠のような巨大軍事施設は即刻解体しスクラップの対象であった。事実、英国や中国は戦時賠償として呉工廠の機器類を執拗に持ち去ろうと画策した。だから、少なくとも財閥系の三菱重工や三井造船に呉工廠が託される可能性は当時無かった。

幸い、播磨造船は財閥系に属さず、呉から距離的に近い兵庫県相生市に本拠をもつ、神戸製鋼所の造船をになうグループ独立会社であった。そして、敗戦から翌年、ワシントンでの協議を経て呉工廠は運輸省の所属となり、周辺に損傷着座している大型艦船の引き上げと解体に関する同意の下、播磨造船に対して、①工廠施設の無償貸し出し、②工廠内資材の無償払い下げ、③採算上不利な場合は作業打ち切り可能、または政府損失補償、④運転資金の政府貸付、⑤作業終了後の造船所機能維持、が命じられた。特に⑤は、戦後日本造船の復活に欠かせない条件であった。これにより、第三国の妨害、賠償請求に基づく施設・機器の喪失が未然に回避可能となった。

これらの許可・認可によって、播磨造船は呉工廠の元職員3751名を引き継いだ。さらに、国有財産であるドック5基（16万、15万、5・6万、2・2万、1・36万各重量トン＝つまり大和クラスを2隻同時に建造可能）と、船台3基、機械器具1091台、船舶33隻を国から貸与された。この時点で、能力・規模は日本最大であった。そこへ、播磨造船の期待を受けて呉に派遣された幹部が、戦時中、西島技術中佐の下で「改E型」戦時標準船を設計した真藤恒課長であった。

かくして、「戦艦大和」を作った世界最高水準の海軍呉工廠は、播磨造船に引き取られることとなった。そして、真藤に会社からあたえられた任務は、呉造船所担当として現地で瀬戸内海に沈んでいる艦船の引き上げと解体スクラップという政府からの請負公共事業であった。そうすることで、呉工廠は実質的に温存された。それは、敗戦の翌年1946（昭和21）年3月のことだった。真藤は、気性の激しい工廠所属の潜水夫や下請けサルベージ会社を指揮監督して、呉周辺や瀬戸内海に米軍攻撃によって海底に着座している旧海軍の戦艦、空母そのほかの艦艇を引き上げ回航し、搭載されている武装を無害化し、スクラップ化し、売却した。

こうして、1946（昭和21）年から1951（昭和26）年までの間に、旧海軍艦艇はもちろん、遠く太平洋や瀬戸内海にかけて沈められていたタンカーの引き上げと再生（再生自体は呉で禁止されていたので、播磨造船本拠地で実施）を次々と行った。

5　米NBCの呉進出と「ペトロクレ」(Petro-Kure) 建造

『戦艦大和誕生』の著者、前間孝則のもう1つの大著『世界制覇上・下』(8) は、戦後、呉工廠が米国資本によって救われた経緯を詳述する。

1951（昭和26）年、日本はサンフランシスコ講和会議でGHQによる占領状態から脱し、やっと自国のことは自国で決定できるようになった。その矢先、米国から1人のエンジニアが来日し、呉ドックの見学を希望した。その名をエルマー・ハーンといった。彼は、NBC（ナショナル・バルク・キャリアーズ）の創業者D・ラドウイックによって創業されたニューヨーク本社の海運業・倉庫業の所有する造船所に属していた。彼は、世界中を歩き10万トン級タンカーを安く早く建造できる造船所を探しての来日だった。ドイツのハンブルクを中心に見てまわったが欧州では適当なドックが見つからなかった。ハーンが広島の呉で見た「戦艦大和」の建造ドックと、アメリカにも滅多にない100トンクレーンを見て、「日本にこれほどの設備の造船所があったとは思ってもみなかった。ハーンは見学の最初から最後まで、信じられないといった表情のままだった」という。(9)

NBC創業者のラドウイックは、1936年に自社専用造船所を開設し、戦争景気のおかげで次々と自社タンカーを増やし、終戦時には米国五大商船隊の一部になっていた。戦後の世界的復興需要でタンカーが必要となることをいち早く見抜いたラドウイックは、呉に着目した。そこには、世界史上存在しない10万重量トンのタンカーを建造できるすべてのインフラ（人・技術・ドック）が備えられていた。それらは、すべて「戦艦大和」建造のために用意されたものであった。

もともと、播磨造船も沈んだ艦船の回収作業が一段落し、折からの造船不況もあって呉船渠を持て余していた。そこへ、アメリカの一民間事業者が借り受けたいと、日本政府との交渉を申し出てきた。時の吉田茂首相は、地域への雇用効果と対米関係の円滑化を考慮して呉船渠の一部をNBCに貸し出すことを決断した。その後、子細を大蔵省とラドウイックの間で契約した。その条件は、大型の第三ドック（5・5万重量トン）、第四ドック（16万重量トン）、および造船ドック（15万重量トン）の3基と建物、付随設備の一括売り渡し、10年後の「買戻約定付き」となっていた。さらに、覚え書きとして、進んだ米国の溶接技術の教育、日本製鋼材の優先使用、および国内他造船会社への技術のオープン化がうたわれていた。さらに、社主ラドウイックの個人的要請として、播磨造船からNBCへの真藤恒課長の移籍が突きつけられた。真藤は逡巡したものの、結局従った。

［呉船渠の技術系主要幹部の多くは元海軍技術士官だった。彼らは］アメリカ資本に使われる屈辱より、新造船に関して［GHQ命令により］国内の造船他社から排除されたことのほうが悔しくて、とにかく、目の前にある［大和を建造した］ガントリー・クレーンを動かしたいというほうが先だった。［中略］NBC行きを決めた元海軍技術者らには、共通する気質や気構えがあった。［中略］彼らは、日本一の腕と技術と設備をもつ旧海軍工廠において敗戦を体験した元海軍技術士官たちを中核とするグループであり、同士的結合に似た仲間意識をもっていた。(10)

真藤恒は2つのグループの間に立ち、双方から頼りとされた。1つは、プライドの高い元海軍技術士官や超一流といわれた職工長たち。もう1つは、日本人とは180度異なる観点から呉への進出を決めた米NBC経営陣・米国人派遣技術者たちだった。

1951（昭和26）年4月末、NBC受入準備のための会合が日本人だけで開かれた。真藤は、元海軍技術士官たちにNBCとの今後の仕事のすすめ方について問いただした。そしてさまざまな議論が出たあと、真藤は全員に「おまえら、植民地根性を起こすなよ。せっかくやってくるNBCの資本で新しい船のつくり方を勉強できる。しかも、授業料はただ。おまけに世界一の船をつくる仕事ができるんだから。たしかに戦争ではアメリカに負けたかもしれないが、おれたちは造船で、技術でアメリカを追い越して見返してやろうじゃないか」[11]と檄を飛ばしたという。

その夏、本社ニューヨークから7名の米国人技術者がやって来た。「戦艦大和」を作った元海軍技術士官たちにとって、彼らは大した技術水準ではなかったが、1人のすぐれた電気溶接技術者がいた。しかもその米国人は一生懸命、日本人技術者や職工に丁寧に戦時中に開発された最新の米国発溶接技術を手とり足取り教えた。そこから日本人技術者たちは、日本に不足していたものは、溶接技術というより材料の鋼板の質、すなわち残留硫黄分が多い国産鋼板であったことに気付かされた。そこで、真藤らは、早速、「戦艦大和」の建造以来ほぼ使われていなかった海軍用甲板（装甲板）製造機が、日本で唯一設置されていた室蘭日本製鋼所へ出向いた。そして、大型船向けの造船用キルド（硫黄除去）鋼板の購入可能性について交渉した。日本製鋼所は、運輸省船舶局の斡旋もあって、同設備の再稼働とNBC呉および播磨造船への安定供給に同意した。その結果、従来は信頼性の点で構造部分への使用が制限されていた電気溶接が無制限に使用可能となり、同時に導入された米国製自動溶接機の稼働もあり、NBC呉の生産性は国内トップに躍り出た。

こうして、NBC呉は、もともとは海軍が「戦艦大和」クラスの戦艦の側面防御用装甲板（5メートル四方で厚さ410ミリメートルに達した）を量産するために戦前、独から導入済みであった室蘭日本製鋼所の1万トンプレスと3万馬力4段圧延ロールを用いた、国内最大級の良質な鋼板の入手に成功する。その直後、ニューヨーク本社から3万8000重量トン級の大型タンカー4隻の建造指示が入った。真藤らは、ニューヨークから送られてきた基本設計図をもとに、現場で作成される生産設計に「戦艦大和」で試みられた数多くの技術蓄積（ブロック建造法、早期艤装、電気溶接）を大胆に取り入れ、大和以来のすぐれた職工たちの技を加えて、4隻を次々と完成した。

その第1隻目が1952（昭和27）年3月に着工した「ペトロクレ（呉油槽船）」（3万8000重量トン）だった。そして、艤装前の船殻完成をもって同年11月1日、同船は進水した。「戦艦大和」を生んだ同じドックから8年半ぶりに誕生する世界一の巨大タンカーというニュースに、5000人を超える人々が呉に集まった。その後も、数ヵ月間隔で3隻が進水した。

驚くべきはその生産性であった。高能率で建造が進んだ結果、4隻分の資材と予算は相当余っていた。そこで、喜んだ船主ラドウイックは真藤と相談の上で、余った資材でさらに船長を延長して4万4000重量トンの同型船をもう1隻建造することとした。当時、国内造船メーカーの平均コストが1トン辺り200ドルを超えていた時代に、NBC呉のコストは100ドルを切り、2分の1のコストで船は完成したのだった。しかも、船殻の必要工数が当初想定値の2分の1であったとのニュースは国内造船界に大きな衝撃を与えた。**これは、かつて西島亮二技術中佐（当時）が達成した「戦艦大和」建造と同じ記録であった。しかも、同じドック、同じ職工による結果である。**だから、偶然とは決していえない。

6　まとめ：「戦艦大和」の遺産

敗戦後、皮肉なことに日本をうち負かした米国の民間資本が旧海軍呉工廠に進出したことによって、それまで呉に蓄積されていた世界最高水準の艦船建造技術が、米国資本の手で再活用され、巨大タンカーとして花開いた。**つまり、「戦艦大和」建造のために蓄積されたソフトウェア（人的資源、設計開発力）と、ハードウェア（ドック、工作機械、鋼鉄製造技術）が、米国資本と合理的な米国式造船手法も加味されて、戦前軍艦から戦後タンカーへと民需転換がなされたのだった。**

NBC呉は、借用期限が切れた1961年に国に返還された。そして、隣に存在する呉船渠と一緒になったあと、再び播磨造船に一括して譲られた。播磨造船はやがて陸上プラントに強い石川島重工と合同し、ここに現在の石川島播磨重工業（IHI）が誕生する。そのIHIにおいて、常に造船部門を牽引したのが真藤恒だった。真藤は、やがて社長、会長、相談役に昇進し、最終的に日本最大の民営化事業といわれる電電公社の最後の総裁となり、民営化NTTの初代社長に就任して、日本経済のリーダーとなった。

ここから見えてくることは、呉で働いていた全ての人々は現在の日本人のように、その仕事をすれば会社はどれほど利益を得られるか、個人としてどれほど報酬を得られるか、といった視点ではなかったことだ。彼らにとって、技術的に困難な課題をやり遂げられる仕事そのものが、最高の報酬だった。広島県で世界一の軍艦をつくり、戦後は世界一のタンカーをつくることが、明治以来の海軍工廠にしっかり根付いたイノベーションのDNAだった。

そして、この旧海軍工廠から始まった日本造船のDNAは、大量の良質な鋼板の国内需要をもたらし、外貨不足と失業にあえいでいた旧軍需産業の民需転換を促し、戦後の復興と繁栄を日本にもたらした。その中核に呉工廠は位置し、「戦艦大和」の技術資産は戦後日本を支えたのみならず、戦前・戦中に築いたモノ作りのインフラをほぼ完全な形で戦後に引き継げたほとんど唯一の存在であった。そこに存在する戦前と戦後の一貫したテクノロジーの環を、私たちは目視し、追憶できる。

注

（1）海軍造船士官については、飯尾憲士『艦と人‐海軍造船官八百名の死闘』（1983、集英社）に詳しい。

（2）前間孝則（2000）『世界制覇（上）』講談社、390頁。

(3) 前間孝則（1997）『戦艦大和誕生（上）』講談社、340－341頁。
(4) 同上書、357頁。
(5) 前間孝則（1997）『戦艦大和誕生（下）』講談社、52頁。
(6) 飯尾憲士（1983）『艦と人―海軍造船官八百名の死闘』集英社、212－213頁。
(7) 前間孝則（1997）『戦艦大和誕生（下）』講談社。
(8) 前間孝則（2000）『世界制覇（上）』講談社。前間孝則（2000）『世界制覇（下）』講談社。
(9) 前間孝則（2000）『世界制覇（上）』講談社、304頁。
(10) 同上書、332－333頁。[筆者注]。
(11) 同上書、336－337頁。

2章 戦前航空機から戦後自動車へ

名車「スカイライン」設計の伝説的主任エンジニアとして有名な桜井真一郎（1929—2011）は、1952年「たま自動車」に入社（のちプリンス自動車吸収を経て日産自動車に統合）し、スカイライン2代目から7代目までの主任設計技術者をつとめた。桜井の上司は、三菱重工製「零戦」に搭載された、中島飛行機製「栄」エンジンを開発した伝説的エンジニア、中川良一だった。桜井は、プリンス自動車における初代スカイラインに搭載された「B型」6気筒エンジンの開発について、著者が知るところ生前に一度だけ自動車雑誌のインタビューに答えている。

一番最初にスカイラインという名のクルマを作ったとき、**中島飛行機出身の優秀なエンジニアたち**がスカイライン用にA型という1500ccの4気筒エンジンを作りあげたのです。そのとき、1900ccのB型という（6気筒）エンジンも同時に作ったのですが、それを載せたクルマはグロリアという名前にしました。（中略）スカイラインはもともと4気筒用に作ったクルマですから、その鼻先を20cm伸ばしてグロリア用の6気筒を積んだんですよ。(1)

つまり、戦後日本を代表する名車スカイラインGTのエンジンは、もともと中島飛行機出身のエンジニア達が、空への夢を閉ざされたときに必死で開発した自動車用6気筒エンジンであった。ここで桜井が自動車誌に告白した「中島飛行機出身の優秀なエンジニア」とは、戦前、どのような存在であったのだろうか。

1　自動車と航空機を結ぶエンジン

航空機エンジンに話を転ずれば、ジェットエンジン時代の到来以前に、1940年「バトルオブブリテン（独空軍の侵攻に対する英国防空戦）」における英国空軍主力の英国スーパーマリン社製「スピットファイヤ」戦闘機には、英国ロールスロイス社製水冷縦型12気筒「マリーン1500馬力」エンジンが搭載された。そして同エンジンは「英国を救った」と歴史上称賛される。エンジンが国を救う？　一体、これは何を意味するのであろうか。

英国生まれの「マリーン」エンジンは、その後米国にライセンス供与され、米国ノースアメリカン社製「P－51Dムスタング」に搭載され大成功を収めた。その好敵手であった独空軍の2つの主力戦闘機の1つ独メッサーシュミット社製「Bf－109」に搭載されたエンジンが、独ダイムラー・ベンツ社製水冷縦型12気筒「DB－601」エンジンである。そして、もう1つの独フォッケウルフ社製「FW190」に搭載されたエンジンが、独BMW社製空冷星型14気筒「BM

Ｗ８０１」エンジンであった。現在、ダイムラー・ベンツ社とＢＭＷ社は、ともに独国を代表する高級自動車メーカーとして世界で圧倒的な存在感を示している。

日本でも、三菱重工製の海軍零式艦上戦闘機「零戦」は、開戦当初、欧米戦闘機の性能を遥かに凌駕する超高性能機であった。そして、日本が世界に誇る技術史上の快挙は、ひとえに搭載された中島飛行機製空冷星型14気筒「栄」エンジンによって実現されたといっても過言ではない。たとえ航空力学的にはどれほど洗練された機体が完成しても、搭載されるエンジンの性能と信頼性がふるわなければ、パイロットの生命は危険にさらされる。**なぜならば、敵と遭遇した場合に生死を分かつ分水嶺は速度×上昇力に尽きるからだ。**

つまり、航空機に搭載されるエンジン性能がすべてを決する。しかも、地上試験でどれほど優れたベンチテスト結果を出せても、実用高度（３０００ー６０００メートル）で最高の動的性能を出さねばならない。その点で、「零戦」に搭載された中島飛行機製「栄」エンジンは優秀であった。それゆえ、航空機開発の歴史とはエンジン開発の歴史であり、「エンジンは一国の命運を左右する」といわれる。それは、航空機のみならず、世界のレースで活躍するオートバイ・Ｆ１でも同様であり、また、現代におけるジェット戦闘機エンジン、民間ジェット旅客機エンジン、そしてＨ２Ａロケットエンジンでもまったく変わらない。

まさにエンジンは、技術開発力の最高峰に位置し、一国の命運を左右する。現在の日本で唯一世界的競争力を有するジェットエンジン・メーカーは、大戦末期に国産初のジェットエンジン開発に成功したＩＨＩ（石川島播磨重工）である。大戦末期、同社で国産初のジェットエンジン開発の総指揮を土光敏夫（１８８６－１９８８：石川島播磨重工社長、東芝会長、元経団連会長）が執っていたことと、同氏が戦後日本の産業界を代表するトップ・リーダーとなったことは、偶然と言えない。さらに、トヨタが２０１４年現在、世界2位の独ＶＷグループを抜き世界1位の自動車メーカーである理由は、プリウスに搭載されるハイブリッドエンジンをはじめとする自社搭載エンジンが質量ともに世界一であることに帰するところが大きい。そして、その世界一のエンジン開発と量産を可能とするものは、優れた膨大な素材（鉄アルミ合金）・部品（プラグ・ピストンリング・ベアリング・スプリング）・補機（バッテリー・発電機・各種ポンプ）のサプライヤーたる優れた国内自動車部品メーカーだ。それは、自動車部品の巨人ボッシュの存在で知られる独でも同様である。

不幸なことに、20年以上前１９９０年代バブル崩壊後、「重厚長大」が退き「軽薄短小」がこれから日本経済を支えるとの論調がマスコミを中心として声高に語られた。だが、もしも今日、素材・部品・補機メーカーが海外に流失し、あるいは海外メーカーとの技術力競争に敗北していれば、現在の日本に世界一のトヨタは存在せず、国内には膨大な失業者が存在していたであろう。そして、日本は英国が産業革命以降に歩んだ産業競争力低下という衰退の道を確実にたどることとなったに違いない。

工業技術力に欠ける日本は、国民が必要とするエネルギーや食料も輸入できない貧困国に転落しかねない。まさに、**優れたエンジンは一国を救い、優れたエンジンを開発量産できない国は産業競**

争力を早晩失ってしまう。だから一国のエンジン開発能力は、国の安全保障にとどまらず、国民の所得水準（GDP）を決定する。事はそれほど重大なのだ。

第二次世界大戦で優れた航空機エンジンメーカーであった独ダイムラー・ベンツ社やBMW社の現在をみれば、産業競争力の源泉は明白だ。ところが、日本では、奇妙なことに1945年を境にイノベーションの歴史が一度消滅してしまった。それは、なぜだろうか？

2 戦前日本の航空機産業

大正から敗戦までの40年間、日本には今をときめく自動車産業が存在しなかったと聞けば、現代の読者は意外と思われるだろう。豊田自動織機の成功で財をなした豊田家は、1930年代に入り当時主流であった輸入自動車に対抗して国産自動車試作に着手した。だが、戦前完成した試作車の水準は海外で量産される自動車に遠く及ばなかった。中国戦線で日本軍輸送隊は、国産よりも米国フォード社製トラック（すでに戦前からフォードは日本国内でノックダウン組み立てにより供給していた）を好んで使用したと言われる。トラックの登坂性能がまるで違ったからだ。それくらい、日本の自動車、なかでも自動車用エンジンの性能は著しく低かった。

他方、ガソリン自動車を世界で初めて実用化したのは、1886年独のメルセデス・ベンツである。その後、ヘンリー・フォードが1908年に有名な「T型フォード」の大量生産に乗り出した。

そこから考えても、戦前の日本には国産自動車産業は無きも同然であった。

ところが、米国のライト兄弟が、有名なガソリンエンジンを搭載した人類初の自作飛行機「フライヤー号」の初飛行に成功したのは1903年で、「T型フォード」の5年前であった。その後始まった第一次世界大戦で、英・仏・独・米の主力戦闘機は航空機の世界に急速な進歩をもたらした。それが日本に伝わり、大戦中の1917年に海軍を早期退役した中島知久平機関大尉が、航空機国産化を目指してテクノロジー・ベンチャー「中島飛行機製作所」を個人創業した。

以上をまとめると、欧米ではじめに自動車の開発と製造が産業として確立成熟したのち、航空機産業が発展した。これに対して日本では、航空機製造は欧米に遅れること10年で着手されたが、国産自動車が産業として独立したのは35年以上ものちの戦後になってからである。**つまり、日本においては、産業発展のコースが欧米とまったく逆で、自動車エンジンも満足に作れなかった日本が、軍事技術としての航空機エンジンと機体の開発生産で欧米に遅れることわずか14年に過ぎなかったのだ。**

さらにまた、英国ロールスロイス社製水冷縦型12気筒「マリーン1500馬力」エンジンは、その高性能ゆえに大戦中、設計図と製造方法のすべてが同盟国米国へと供与され、改良された。この米国版エンジンが、米国ロッキード社製高性能戦闘機「P－51Dムスタング」に搭載されたスーパーチャージャー付き水冷縦型12気筒「マリーン2000馬力」エンジンだった。大戦末期に実用化された独製ジェット戦闘機「Me262」を除けば、独空軍および日本の陸海軍のすべての戦闘機は、

「P―51Dムスタング」に速度と上昇力で対抗できなかった。

英国生まれの同エンジンを改良し、さらなるエンジンの高性能化と均一な量産化を引き受けた米国メーカーが、大戦前から高級自動車製造で知られる米国「パッカード社」だった。同社は、大戦中すべての自動車生産を一時中止して、航空機エンジン生産に全力をあげたといわれる。しかも、英国では神業に近いといわれた超精密加工で知られるマリーンエンジンを、ラインの60%が未熟練女性労働者でも生産可能にした。ここに、大戦中の米国エンジニアリング（工業技術力）の真のイノベーションが存在する。同エンジンを搭載した「P―51Dムスタング」は、強敵日独の戦闘機を撃破して、連合軍による長距離昼間爆撃を可能にした。

他方、ドイツにおいては占領地域の捕虜・強制労働者を酷使して地下工場で航空機エンジン生産を続けた。日本では、旧制女学校を終えていない女子学生さえもが「女子挺身隊」として航空機エンジン製造ラインに配置され、なれない手つきで米軍爆撃下でも命を賭して懸命に働いた。だが、日独の生産性は、遠く米国の自動車産業に及ばなかった。日独では工場あたり月200機製造する間に、米国の元自動車工場ラインは1日に200機製造できるほどの格差だった。

航空機の機体は、職工の手作りや外国からのノックダウンでも国内生産することが可能だ。だが、航空機エンジンは理論と実証の繰り返しによる工学の結晶体であり、それは一国の工業技術力の芸術作品ともいえる精密機械の集合体である。

航空機エンジンの製造には、次の5条件が必要とされる。すなわち、①経験に裏打ちされた高い技術力、②分厚い技術者たちの直感力と洞察力、③設計図をもとに直ちに試作可能な材料工学と加工設備、④ポンプ、バッテリー、プラグなどの高品質で耐久力のある補機・電装類、⑤高品質エンジンオイル・ハイオクタンガソリン（現在の国内レギュラーガソリンのＪＩＳオクタン価89以上、プレミアムガソリンのＪＩＳオクタン価96以上）などの油脂類である。ちなみに、第二次世界大戦当時の米国ガソリンオクタン価１００－１３０、日本91ないしそれ以下だった。

それらのうちどれが欠けても、すぐれた航空機エンジンは一国内で完成完結しない。そして、**日本で国産化された③、④、⑤の水準は、欧米に比べ敗戦の昭和20年に至るまで致命的に低かった。しかも④と⑤は、現在でも自動車産業に欠かせない重要関連産業である。**つまり、自動車産業が未熟であった大正から昭和初期の戦前日本において、航空機を国産化するためには、通常、エンジンメーカーと航空機メーカーが異なる欧米と違い、１社でエンジンと機体のすべてに関して開発から量産まで単独でこなさなければならなかった。しかも最悪なことに、当時の日本の工業技術力では高品質なガソリンの国内供給が困難であった。仮に、国内原油があっても高品質な石油精製が不可能だったのだ。

ところが、開戦直前まで航空機用高品質ガソリン・オイルは、ほぼ全量を米国からの輸入に依存していた。１９４４年10月台湾沖航空戦で、陸軍三式戦闘機「飛燕（水冷１１００馬力）」（川崎重工製）2機は、米「Ｆ６Ｆグラマン（空冷２０００馬力）」36機を相手に壮絶な空中戦を行い（1対18）、米機11機を撃墜・撃破し、「飛燕」の日本軍パイロット2名は不時着大破したものの無事生還した。[2]

この勝因について、パイロット達の神業に近い技量に加えて、日本海軍が戦前から台湾に温存していたオクタン価100以上の航空機ガソリンが功を奏したと言われる。つまり、日本製戦闘機の機体性能は大出力エンジンをもたなくても高性能で、これに高品質ガソリンが加われば世界最高水準の総合性能にあったことが伺われる。

以上から、戦前日本における航空機の発展は、航空機メーカーが単独で海外に依存した欧米技術の導入と模倣、そして応用発展がすべてだった。

3　中島飛行機製作所におけるエンジン開発

日本には優れた自動車メーカーが敗戦まで存在せず、あるのは世界一の規模を誇った従業員20万人の「中島飛行機製作所」と、「零戦」を開発製造した巨大企業「三菱重工」の2社だった。他は、川崎航空機（現川崎重工）、立川飛行機（のち日産プリンス自動車）・川西飛行機（現新明和工業）・愛知時計電機・九州飛行機などの中堅航空機メーカー群である。

敗戦直後、あまりに高性能な日本軍機に苦しめられた戦勝国米国は、敗戦後10年間にわたり日本における航空機製造を一方的に禁止した。そのため、日本の優秀な航空機エンジニア達は全員失業した。彼らは戦後、どのようにして生計をたて家族を養ったのであろうか。答えはいうまでもなく、自動車産業への転進であった。そして、敗戦前の機械産業の主力である航空機と、敗戦後の自動車

図表 2-1　航空機エンジニアの戦後

エンジニア	出身校	戦前	担当	戦後	担当
百瀬晋三	東京帝大航空	中島飛行機	陸軍 100 式偵察機	富士重工	スバル 360
中川良一	東京帝大航空	中島飛行機	零戦・疾風エンジン	プリンス自動車	スカイライン GT
岡本和理	東京帝大航空	中島飛行機	零戦・疾風エンジン	プリンス自動車	スカイライン GT
中村良夫	東京帝大航空	中島飛行機	陸軍ジェットエンジン	ホンダ	メキシコ F1GP
関口久一	旧制太田中学	中島飛行機	陸海軍エンジン	ホンダ	マン島オートバイ 125・250cc エンジン・メキシコ F1GP
竹島弘	浜松高等工業	中島飛行機	陸軍新型エンジン	通産省技官＞ホンダ常務	
工藤義人	東京帝大航空	中島飛行機	零戦・疾風エンジン・ジェットエンジン	ホンダ初代技術研究所長	
外山保	東京帝大航空	立川飛行機工場長		プリンス自動車	
長谷川龍雄	東京帝大航空	立川飛行機	高高度戦闘機キ 94	トヨタ自動車	パブリカ・カローラ
日村卓也	徳島高等工業	立川飛行機	陸軍輸送機	プリンス自動車	スカイライン・グロリア

図表 2-2　航空機メーカーの戦後

戦前航空機メーカー	所在地	代表的生産機	戦後自動車試作
立川飛行機	府中	高高度迎撃機「キ 94」	電気自動車
中島飛行機太田工場	群馬	陸軍「隼」「疾風」	スクーター
中島飛行機小泉製作所	群馬	海軍「零戦」（三菱 OEM）	バス
三菱重工航空機	広島・川崎	海軍「零戦」	小型乗用車・トラック・バス
川崎航空機（現川崎重工）	岐阜	陸軍「飛燕」	バス
川西航空機（現新明和工業）	兵庫	海軍「紫電改」「二式大挺」	バス

を結ぶコアテクノロジーが「ガソリンエンジン」だった。

図表2－1、2－2を見ると、2つの特徴に気付く。1つは、多くの中島飛行機出身エンジニアが戦後自動車メーカーにおいて花形となる名車を設計開発したこと。もう1つは、航空機メーカーが敗戦後に食べるため自動車メーカーに転じざるを得なかったことである。

例えば、陸軍用航空機の機体生産を担った「立川飛行機」から敗戦直後に「東京電気自動車」が生まれ、中島飛行機のエンジン部門であった「荻窪製作所」から同じく敗戦直後に「富士精密」が誕生した。両社ともに、資金提供者がブリヂストンタイヤのオーナー会長である石橋正二郎であったことが縁で、1954年4月10日に「富士精密」が「プリンス自動車工業（旧東京電気自動車）」を吸収合併し、「プリンス自動車工業」（吸収合併当時の名称は富士精密工業）が誕生した。

プリンス自動車は、名車「スカイライン」を生んだ会社として有名である。その後、興銀（現みずほ銀行に吸収合併）の仲介によって、1966年にプリンス自動車は日産自動車に吸収合併された。今なお、地方日産ディーラーの中に「日産プリンス販売」と名乗る販社が存在するゆえんである。

その結果、戦前の航空機エンジニアは、戦後の自動車産業発展に多大な貢献を行った。そして今日、日本は、自動車のみならず航空機やロケット開発においても世界の一流メーカーを擁するまでに復活した。**だが、こうした源流には、中島飛行機製作所による航空機エンジンおよび機体の国産化が欠かせない。同社は、第一次世界大戦期に自動車メーカーが1社も存在しなかった日本で、海軍を早期退役した中島機関大尉が個人創業したテクノロジー・ベンチャーだった。**

そこで、同社の沿革とエンジン開発の軌跡を振り返る。

中島飛行機とエンジン開発史

1915（大正4）年　東京帝国大学に航空学科開設
1917（大正6）年　中島知久平が海軍を退役後、群馬県太田市に中島飛行機の前進「飛行機研究所」設立
1925（大正14）年　中島飛行機東京工場完成、英国ブリストル社より後すべての中島製空冷エンジンの原型となった空冷星形9気筒28・7L「ジュピター6型」500馬力の製造権を購入。以後、エンジン国産化開発開始
1928（昭和3）年　中島飛行機は菱形ジュピター6型の量産開始
1933（昭和8）年　中島飛行機は空冷複列星形14気筒「栄」エンジン（のちの三菱製「零戦」搭載エンジン）の開発着手
1934（昭和9）年　中島飛行は、米国カーチス・ライト社より空冷星形エンジンの製造権を購入し、既存「寿」および開発中「栄」エンジンに技術応用
1938（昭和13）年　発動機組み立ての武蔵製作所完成、中島製空冷複列星形14気筒27・9L「栄11型」1000馬力エンジン量産開始

1940（昭和15）年　中島飛行機製「栄」エンジンを搭載した三菱重工製「零戦」正式化。海軍機専用組み立て工場の中島飛行機小泉製作所開設。同中島は、のちの四式戦疾風のエンジンとなる空冷複列星形18気筒36・0L「誉」1800馬力エンジンの開発着手

1941（昭和16）年　中島飛行機の糸川技師（のち東京帝大教授）が主任設計した「隼」が陸軍一式戦闘機として制式採用（搭載エンジンは中島製「栄11型」エンジン）

1942（昭和17）年　中島飛行機「誉」生産開始、このエンジンを搭載する四式戦「疾風」開発開始

1944（昭和19）年　陸軍機専用組み立て工場の中島飛行機宇都宮製作所を開設、制式採用された四式戦闘機「疾風」の生産を開始、激しい米軍爆撃下で3500機を生産

1945（昭和20）4月　第一軍需工廠となり事実上国営化。中島飛行機は営業休止しつつ存続、8月16日の敗戦により全工場返還を受け、社名を「富士産業株式会社」に改称変更・（終戦までに計2万9925機の航空機を生産。三菱が設計した零戦の全体の約2／3を中島飛行機が分担生産）、11月6日に富士産業株式会社は財閥会社として解体を占領軍より命令

1950（昭和25）5月　解散し、のち「富士重工」として再出発

（出典：桂木洋二著『歴史のなかの中島飛行機』巻末年表を参考に筆者加筆）

年表によると、中島飛行機のエンジン開発は、第一次世界大戦終結から6年後の1925年に英国ブリストル社からの空冷星形9気筒「ジュピター」エンジン技術導入によって開始された。その8年後の1933年に、中島飛行機は後の三菱重工製「零戦」に搭載された空冷複列星形（7個のピストンをもった星形エンジンが同軸上に2列並ぶ）14気筒「栄」エンジンの開発に着手し、1938年量産化にこぎ着けた。**実に、1925年英国からの技術導入から世界一流の国産航空機エンジンの量産までに、13年間を要した計算になる。**それほど、航空機エンジンの開発には人材と時間そして資金を要する。

そして、大戦当初を戦った名戦闘機・三菱重工製「零戦」も、次に述べる大戦末期を戦った中島飛行機製「疾風」もともに中島飛行機製エンジンが搭載された。「零戦」は成功し、「疾風」は失敗した。では、なぜ「疾風」は失敗（活躍できなかった）といわれるのだろうか。

4　陸軍四式戦闘機「疾風」の誕生と悲劇

世界の戦闘機出力の趨勢が、第二次世界大戦当初の1000馬力級から大戦中期以降に2000馬力級へ移行することは、開戦当時容易に予測された。そのため英・米・独・日のエンジンメーカーは、懸命に2000馬力級エンジンの開発に取り組んでいた。中島飛行機も、1940年「零戦」の次世代機に搭載可能な2000馬力級エンジン「誉」の開発に着手した。開発は早くも1942年に

図表 2-3　第二次世界大戦時の日米主力戦闘機比較

製造国	米国	日本	米国	日本
採用年	1938	1939	1944	1944
機体メーカー	グラマン	三菱重工	ノースアメリカン	中島飛行機
機種名	「F4F」	「零戦」	「P-51D」	四式戦闘機「疾風」
エンジン名	「ワスプ」	「栄」	「マリン」	「誉」
エンジンメーカー	P&W	中島飛行機	パッカード	中島飛行機
馬力 (ps)	1000	1000	2000	2000
機銃 (mm)	12.7×8	20×2+12.7×2	20×4	20×4
速度 (km)	480	560	684	687＊
航続距離 (km)	560	2300	1500	1650

(＊1946 年米軍公式テスト値、中島社内データで 630km/h)

図表 2-4　「疾風」

結実し、量産を開始した。そして同年、同社が日本陸軍の依頼により開発中の次期主力戦闘機、陸軍四式戦闘機「キ84疾風」に同エンジンの搭載が決定した。

中島飛行機製「疾風」は、1941年12月試作発注、1943年3月試作1号機完成、1944年4月制式化（＝実用化）された日本最初の2000馬力級エンジンを搭載する陸軍主力戦闘機であった。それは、「大東亜決戦機」とも呼ばれ、陸軍省宣伝によって広く国民に知られた。図表2−3は、第二次世界大戦当時の日米主力戦闘機を比較したものである。

「疾風」は、大戦末期の昭和19年から20年にかけて、海軍の川西航空機製（現新明和工業）「紫電改」とならび、前述した米空軍「P−51Dムスタング」と互角以上に戦えた、戦中に外国技術を一切使わずに開発された純国産の高性能戦闘機だった。そして、「疾風」と「紫電改」は姉妹のように中島飛行機製「誉」2000馬力エンジンを共通に搭載した。

米軍は、日本敗戦翌年の1946年、米国本土に「疾風」を持ち込み、米国製部品とオイル・ガソリンを用いた綿密な整備を施し、同機を徹底的にテストした。その結果、米軍が公式記録において「日本軍機最良にして世界最速のプロペラ戦闘機」と評価した傑作機であった。(3)

R・Francillon 著『Japanese Aircraft of the Pacific War』は、「疾風」に関して行われた戦後の米軍テスト結果について、簡潔に説明する。

1946年の春、ペンシルバニア州ミドルタウン空軍敞で行われた同機実験結果は、真に驚愕すべきもの［truly spectacular］であった。米国製部品・オイル・ガソリンで再整備され、定格全備重量・フル武装で離陸した同機は、2万フィート［6096m］上空を毎時427マイル［687km］で飛行した。これは、米国空軍の最優秀戦闘機ノースアメリカン社製「P－51Dムスタング」に比べ3マイル［5km］、リパブリック社製「P－47D　サンダーボルト」よりも22マイル［35km］高速であった。(4)

そして、「疾風」のテストにあたったアメリカ空軍パイロット・専門家をして、以下のように講評せしめた。

中島製「K・i84疾風」は、疑いもなく（undoubtedly）大戦末期に大規模展開した日本の最良戦闘機（the best Japanese fighter aircraft）であった。同機は連合軍航空機搭乗員たちに恐れられるほどに、日本人パイロットによって高く評価された。同機の優れた要因は、優れた防備［パイロットを守る防弾板・防弾タンク］、優れた武装［20㎜機関砲4門、または20㎜機関砲2門＋30㎜機関砲2門］、高速［631km／高度6120m］かつ操縦のしやすさ［航続距離1695km＋高度5000mまで上昇時間5分54秒］にある。

同機は、フィリピン、沖縄、本土における絶望的な戦いにおいても、一矢を報いた。同機に賭けた日本の希望は、本土空襲の激しい大戦末期（昭和20年）にいたってもなお月産200機の生産計画を死守すべく、地下工場で生産が続けられた事実によっても特筆される。(5)

だが、米軍が絶賛した中島飛行機製「疾風」は、戦時中に高性能2000馬力級戦闘機として大戦末期の1944―45年に3500機も生産されたにもかかわらず、期待された活躍ははなはだ少なく敗戦を迎えた。つまり、「大東亜決戦機」は祖国の空を守り切れなかった。南九州にある「知覧特攻平和会館」に所蔵される特攻隊員の手紙にも、新鋭機「疾風」の高性能ぶりが残された弟・妹に対して熱っぽく書かれている。それなのに、どうしてなのだろうか？

筆者は小学生の頃からその疑問を持ち続けてきた。そのため、大人になり英・米・独・印の航空機博物館に残される各国および日本軍機体とエンジン見学、そして文献調査を1人30年以上続けてきた。日本国内で以下の文献記述を見つけたときに、その疑問は氷解した。それは、待望の量産された機体がフィリピン決戦を前に派遣前の国内基地に送られたのち、整備部隊から送られた悲痛な報告書であった。

［「疾風」のエンジン］部品の補給がほとんどない。仕方がないので直接、中島の荻窪工場へ人をやったり、整備を頼んでいる。油温の上昇、点火系統の故障、原因不明の内部故障、工具の不足、油漏れなどの故障対策には自信なし。［高々度用の］酸素が不足し、これでは飛ばせるわけにゆかない。(6)

つまり、「誉」エンジンの問題と「疾風」の失敗は、もともと自動車産業が未成熟な底の浅い日本の基礎工業力の弱さが原因だった。１９２５（大正14）年生まれ、都立工業学校を戦時中に卒業して陸軍航空技術研究所に勤務した敗戦時20歳の作家・碇義朗氏は、主著『戦闘機疾風』(7)で、当時の「疾風」を巡る悲劇を以下のように記している。同書は、著者自身が経験し見聞して書かれた日本最後の文献と考えられる。

機能部品についていえば、マグネットや気化器［キャブレター］、プラグその他の電装品、燃料ポンプ、油ポンプ、パイプ継手、各種ゴム部品などの付属品が、アメリカでは種類も多く信頼性も高かったが、日本では種類も少なかったし、性能も信頼性もはるかに劣っていた。(8)

［1944年］6月、待望の［疾風］試作二号機および三号機が［中略］福生［飛行場に］空輸され、岩崎少佐［のち、中国戦線で「疾風」戦隊長として戦死］を審査主任とする戦闘機のメンバーたちによるテストが本格化した。ところが、それにつれて、はやくもトラブルが出はじめ、中村［大尉、のち富士通システム部顧問］たち整備隊員は俄然、多忙になった。トラブルの第一は、エンジンだった。クランク軸のメインベアリングの焼き付き、上部シリンダー温度の異常上昇によるピストンやシリンダーの破損、エンジンとプロペラの間の減速に使われたファルマン方式歯車のベアリング焼き付きなどがその主なものだった。(9)

つづいて出てきたのが、点火系統の不良だった。今でこそスパークプラグはNGK、デンソー、日立など、国産にもすばらしいものがあるが、当時は、主として材質の関係から、使えるのはせいぜい二十時間くらい、ときには十時間で交換しなければならないものもあった［現在の国産高性能自動車プラグの寿命は10年10万㎞］。航空エンジンは、一本のシリンダーに二個ずつプラグがついており、十八気筒では合計三十六個にもなるから、これでは一回飛ぶごとに何個かのプラグを取りかえなければならないことになる。点火系統のもう一つのトラブルは、高圧電線［ハイテンションコード］のパンクだった。ハ45［海軍制式名「誉」の陸軍制式名」は外径を小さく押さえるため、マグネットとディストリビューターをエンジンの前後に分離して取り付け、この両者を結ぶ二次高圧電線は、ギッシリとならんだ前後シリンダーの間を通っていた。電線はシリンダーの高温から一応は防護されるようになっていたが、電線の絶縁ゴムの材質不良のため十数時間からせいぜい四、五十時間しかもたなかった。［中略］機体やエンジンの設計技術はすすんでも、これらを構成する材質の問題や機能部品の性能など、我が国基礎工業力や技術力の弱さによる欠陥がつぎつぎにあらわれて、パイロットや整備員たちに余分な苦労を強いた。(10)

通常、航空機のエンジン開発には、５年の熟成期間と同年数の量産期間が必要とされる。確かに、零戦に搭載された名エンジン「栄」は、１９３３年から5年かけて開発され、１９３８年から終戦まで7年間生産された。だが、陸軍四式戦闘機「疾風」に搭載された「誉」は、「栄」をベースとしているとはいえ、「栄」の14気筒から４気筒増えた18気筒で、出力を１０００馬力向上した２０００馬力を目指したにもかかわらず、開発期間はわずかに2年、量産期間もわずかに2年半に過ぎなかった。

こうした開発期間・量産期間の短い航空機エンジンをもって日本は開戦に踏み切ったのだから、戦争末期に始まった米国戦略爆撃による航空機・エンジン工場破壊が無かったとしても、あまりに早計・無謀に過ぎた。そのため、米空軍爆撃機「Ｂ－29」と２０００馬力級の護衛戦闘機「Ｐ－51Ｄムスタング」、「Ｆ６Ｆヘルキャット」が日本本土の工場、そして都市や町を襲った際、これを迎撃すべき2000馬力級戦闘機「疾風」の稼働率は最悪時25％以下まで低下していた。

つまり、せっかく日本本土の空を守るべく用意された最新鋭迎撃戦闘機も、飛行場に待機する10機のうち2機程度しかエンジン不調のため飛び立てなかったのだ。もはや、開戦当時、無敵を誇った1000馬力級戦闘機「零戦」は、最新鋭の2000馬力級の敵戦闘機に対して非力だった。

「疾風」の稼働率が極端に悪かった理由として、整備技術能力や補充部品の量・質の低下のみならず、搭載された「誉」エンジンの製造品質悪化が戦時中から指摘された。同時に、敵の爆撃は、国内における航空機とエンジンの生産をさらに激減させ、迎撃戦闘機の生産数と精度をさらに減らした。

私たち昭和20―30年代生まれの戦後世代は、以下のような日本敗戦の理由を聞かされて育った。曰く、「陸軍は精神論ばかりで技術がなく、海軍には技術と合理性があった」「零戦に代表される高い技術力があったが、米軍には物量戦で負けた」「大戦末期には本土爆撃で航空機もなくなり、満足に米軍爆撃機を迎撃できなかった」。だが、陸軍は、米軍がその高性能を実証した四式戦闘機「疾風」を本土爆撃開始前の1944年前半に完成させていたし、相当の量産（3500機を実質1年で生産）大戦末期の困難時に実現し、優秀なパイロットさえいれば相当な迎撃能力を有していたはずである。

にもかかわらず、基礎工業力に欠け、今日の自動車産業で当たり前の満足なプラグやエンジン部品そして高品質ガソリンすら国内供給できず、せっかくの高性能機もエンジン不良で飛び立てずに

惨めな敗北を喫してしまった。そして、多くのエンジニア・職工・勤労学徒・女子挺身隊、そしてパイロット・整備兵の困難と犠牲も敗戦とともに消え失せ、忘れ去られてしまった。同時に、日本が世界に誇る航空機に関するイノベーションの歴史も、いったん途絶えてしまった。

だが、「疾風」を作りだした高度な技術力は、本当に敗戦とともに消え失せてしまったのだろうか。現在も世界のスーパーパワーを自認する米国の戦後公式テストによって、部品と整備さえよければ米国製最優秀機すら凌駕する性能を示した四式戦闘機「疾風」を生んだ日本の技術力は、敗戦後どこへ向かったのであろうか？

終戦直後、米国占領政府は、こうした独創的で卓越した日本における戦中の急速な航空機技術の発展が、やがて民間分野および防衛分野における自国航空機産業の脅威となることを極度に警戒し、恐れた。陸軍四式戦闘機「疾風」は、戦中航空技術の究極の完成形態そのものだった。そして、米国占領政府は、日本に対して戦後10年間にわたる航空機開発と製造一切の禁止命令を下した。そして、この禁止命令からすべてが終わり、すべてが始まった。

5　戦後テクノロジー・ベンチャー「ホンダ」の誕生

ホンダは、1946年に本田宗一郎が創業したテクノロジー・ベンチャーである。宗一郎は、その10年前に日本の第二次世界大戦参戦を見越して自動車と航空機のガソリンエンジンに欠かせない重要部品ピストンリング（当時、良質なエンジンオイル・ガソリンとともに米国からの輸入に頼り切っていた）の国産化を目指すテクノロジー・ベンチャー「東海精密工業株式会社」を創業した。そして宗一郎は、地元浜松高等工業学校（現静岡大学工学部）に30代にして特別聴講生となり、学生服で高級外車フォードに乗って通学しながら、苦心の末ピストンリング国産化に成功した。

東海精密工業の主たる顧客は、トヨタと中島飛行機製作所であった。だが、宗一郎は、敗戦直後、東海精密工業の創業株60%をトヨタに売り払って経営者を引退し、翌年の1946年、改めて現在のホンダを創業した。したがって、ホンダ創業時点で、宗一郎は中島飛行機製作所の多くのエンジニアと面識があった。実際、創業して数年後に入社し、ホンダを現在の大企業に育て上げた名副社長・藤沢武夫を宗一郎に引き合わせたのが、当時通産省技官であった竹島弘だった。竹島が、宗一郎も学んだ浜松高等工業の藤井研究室の同門であり、敗戦まで中島飛行機製作所の航空機エンジン技術者であったことは、決して偶然ではない。竹島は、のち旧中島飛行機製作所が陸海軍支援で保有した大量の欧米製工作機械をホンダが購入できるように尽力し、それからホンダへ転職して常務取締役にまでなった。

こうした縁もあり、その後もホンダには多数の旧中島飛行機製作所出身のエンジニアが身を寄せた。その筆頭株こそが、ホンダ技術研究所「初代研究所長」を努めた工藤義人（東京帝大航空卒）であった。工藤は、東京帝大卒業後に中島飛行機製作所に入社して、零戦および疾風のエンジン開発、国産ジェットエンジンの開発に携わった生粋のエンジン技術者であった。戦後、本田宗一郎の技術の懐刀として、ホンダにおける技術開発全般を支えたといわれる。

１９５４年の経営危機にあって、突如として国内レース優勝実績すらないホンダが、１２５―２５０ccオートバイの世界最高峰レースである英国マン島ＴＴレースに出場するとの宣言を、宗一郎は社内外に発表した（文案作成者は副社長の藤沢武夫）。だが、現実は悲惨であった。翌年開催された「第一回全日本オートバイ耐久レース」と同第二回レースで、宿敵ヤマハにホンダは惨敗した。学校を出たての20歳代技術者が数十名程度しかおらず、国内レースでも勝てない、宗一郎の技術的直感と度胸のみが頼りのテクノロジー・ベンチャー「ホンダ」は、どうやって世界頂点で勝負するエンジンを開発するというのだろうか？　その答えは、以下の引用で明瞭だ。

本田宗一郎は自分の思い通りにことが運ばない歯がゆさ、じれったさを隠すことなく、周囲に当たり散らしていた。そのとばっちりをもっとも多く受けたのは、工藤義人である。工藤は進言した。「今までの二輪車のやり方ではだめです。戦前の航空エンジンのセンスを持ち込まないと・・・・」この意見には、本田も同意だった。「これからのレース用のオートバイ・エンジンは、航空機と同じようでなければならん。細かなところまで精密につくって、仕上げは丁寧でなければいかん。誰か航空機エンジンを知っていて、レースに勝てるよう二輪車を調整できるやつはいないのか」

［本田宗一郎］社長からそういわれ、工藤には思い当たる人物がいた。戦前、自分と同じ中島飛行機にいて、終始一貫してエンジンの試作を担当していた関口久一である。現在［２００２年当時］八十歳の高齢にならんとする関口だが、ホンダ技研のマン島レース初参加のときからチーフ・メカニックをつとめ、

完全優勝した1961年のレースでは、監督代行もつとめていた。のち60年代半ばから後半にかけては、F1レースでもホンダのチーフ・メカニックや監督をつとめることになる。戦前からエンジン一筋に叩き上げてきた抜群のセンスと勘をもつ職人的技術者であり、コンピュータや電子制御に頼らない時代のレーシングにかけては、右に出る者がないスーパー・メカニックと呼ばれた人物である。(11)

工藤に請われてホンダに入社した関口久一は、1930(昭和5)年に群馬県太田の旧制中学(現在の高校に相当)を出て、地元の中島飛行機に就職したが、配属されたのは東京・荻窪(「栄」「誉」の開発・量産工場)のエンジン工場だった。「ちょうどその頃、中島が自力で航空機エンジンの試作をはじめる時期だったので、それから終戦までに開発されたほとんどのエンジンを手がけてきた」。(12)関口は、中川(良一)が設計した「栄」(零戦搭載エンジン)、「誉」(疾風&紫電改搭載エンジン)も担当して、組み立て、運転、トラブルシューティングなど航空機エンジン開発のすべてに取り組んだという。

関口は工藤に口説かれホンダ技研入りを決意、入社するやいなや工藤に連れられて、挨拶のために本田宗一郎社長のところに行った。すでに工藤から話を聞いていた宗一郎は、「まあ、いいだろう。よろしく頼むぞ」の一言であったという。試作部門に配置された関口は、もっぱらレース用に二輪車の製作、調整などを手がけ、入社1年にして試作課長に就任した。関口は言う。

飛行機のエンジンはせいぜい二千五百から三千回転ですが、レース用の二輪車は一万二、三千回転くらいですから、このくらい違うと、やはり最初はとまどいました。でも、基本的には同じレシプロですから、重要なポイントになるところはそう変わりません。[13]

この年（1961年）、関口は監督代行として指揮をとった。5月に開かれた第46回マン島レースで、ヨーロッパの強豪を抑え、125cc、250ccで完全優勝を果たした。それも、1位から5位までを独占という圧倒的な勝ち方であった。**そして、ホンダの完全優勝の要因が、戦前の航空エンジンの技術を取り入れた高回転、高性能のエンジンにあったことは明らかだった。**

戦前は中島飛行機で航空機エンジンの設計をし、戦後は「スカイライン」で有名なプリンス自動車の一連のエンジンを開発した岡本和理（かずただ）は、「航空エンジンで開発された高度な技術が、戦後いきなり乗用車のエンジンに移転されたのではない。金に糸目をつけないレース車エンジンにまず適応されて、そのあとしだいに量産車にも広まっていったのです。」[14]と説明する。つまり、元中島飛行機の工藤らが、本田の二輪車エンジンにおいて橋渡し役を演じたのであった。マン島TTレースに出場したとき、ヨーロッパのジャーナリズムは「零戦をつくったホンダのエンジン」と騒いだという。

前間孝則著『マン・マシンの昭和伝説（上）』[15]によると、工藤や関口に加えて、当時のホンダには旧中島飛行機出身のエンジニアが常に10人くらい在籍したという。そこには、空冷・熱伝導の理論、ふかし試験、低圧燃料噴射や吸入ポート実験などの専門家がそろっていた。**彼らの膨大な航**

空機エンジン技術とその開発ノウハウをもつ優れた技術者たちが、敗戦によって行き場を失った無名の新興ベンチャーに次々と吸収され、その技術力が次世代の若手技術者に蓄積されていった。だからこそ、ホンダは国際レースで世界をあっといわせる快挙を成し遂げられたのだ。

同様のことは、後のF1レースでも生じた。そして、ホンダのF1レース監督を長く務め、「日本のF1の父」と慕われる中村良夫もまた、1941年東京帝大航空学科原動機専修を卒業して中島飛行機に入社、「栄」エンジン改良、米本土爆撃機「富嶽」用5000馬力エンジン、ジェットエンジン「ネ130」の開発にかかわった生粋の航空機エンジン技術者だった。

つまり、敗戦の翌年、本田宗一郎が個人創業したホンダは、「零戦」搭載の「栄」エンジン、「疾風」搭載の「誉」エンジンを開発し、チューニングし、実用化した旧中島飛行機出身技術者たちの英知を結集して、マン島TTレースやF1優勝に連なる世界が驚く高性能エンジンを次々と開発したのだった。

しかしながら、なぜか社長・本田宗一郎著『夢を力に』[16]、副社長・藤沢武夫著『経営に終わりはない』[17]には、中島飛行機出身技術者の貢献に関する記述が一切見られない。また、NHKが制作した人気番組『プロジェクトX　制覇せよ、世界最高峰レース（2002）』[18]でも、こうしたことが一切省かれ、ホンダの若手技術者の活躍のみが強調されている。

だが、技術は営々として育まれ、たとえ敗戦という混乱があっても日本人はその英知を次の産業に注入してきたからこそ、今日の技術立国日本とイノベーションの実績が存在する。否、エンジン技術を留学して学び、ライセンスを輸入することは誰にでもできるだろうが、それを完全に国産化し自前で世界最高峰の突出したエンジンを開発することは、優れた技術者＝人材の蓄積なしには到底できない。**しかもそれを、当初の航空機エンジンからレース用のオートバイ・エンジンやF1レーシングカー・エンジンにまで応用して、ホンダは世界に躍り出たのだった。ここにホンダの面目躍如と、真のイノベーション成功のカギが隠されている。**

惜しむらくは、こうした技術史を後世のマスコミや研究者はおろか当事者ですら口をつぐむ風土では、次世代の技術者を養成する根拠とバックボーンが失われてしまう。そうした中で、綿密な調査を重ね、故人となる前に戦前戦中そして戦後の航空機エンジニアを尋ね歩き、インタビューの全記録を残された前間孝則氏の多大な労作に対して、筆者は限りない感謝と惜しみない称賛をおくりたい。

6　まとめ：世界一であり続けるために

戦後、日本航空機の高度なイノベーションを恐れた米国は、日本に10年間に及ぶ航空機開発製造を禁止した。その結果、日本人航空機エンジニアはおしなべて新興の自動車（オートバイ）分野への転進を余儀なくされた。そして、元航空機エンジニアを大量に雇用し、彼らの技術力を戦前欧米から学んだようにどん欲に吸収し、若手エンジニアに移転させたベンチャー企業こそがホンダであった。**つまり、戦前・戦中における航空技術は、新興自動車・オートバイメーカーにおいて開花したのだった。**

だからこそ、新技術に基づく新産業創出には、J・ワットの蒸気機関やHPのエレクトロニクスをみるまでもなく、テクノロジー・ベンチャーが不可欠なのだ。そして、戦前から戦中に発達した航空機産業の軍事技術が、戦後、オートバイや自動車といった民間市場で一気に花開くためには、ホンダという新興企業がどうしても欠かせなかった。

しかしながら、私たちは、イノベーションが重要だと日常気軽に言っている。ところが、日本は基礎工業力がないばかりに、戦中「疾風」のような超高性能戦闘機を開発できても、プラグや高圧ケーブル、高性能オイルやポンプ類で満足な国産化ができず、本土防空戦で惨めな敗北を喫してしまった。

今日、日本人の日々の豊かな生活を縁の下で支えてくれている電力、通信、鉄道といった社会インフラ基盤は、世界的にも突出した基礎工業力に依存している。これらインフラを構成するたった1つの半導体や電子部品、電子制御システムや油圧制御システムが間違った動作を行うと、高信頼性社会全体が麻痺し、ときには大惨事を引き起こす。それゆえ、日本が最も得意とする電力・通信・鉄道を輸出し、自動車・ロボット・航空機・スーパーコンピュータの国内開発と生産を今後とも可能とするためには、**かつて世界一の高性能機でありながら満足に飛び立てなかった「疾風」の負の原因である、基礎工業力の一層の充実が急務である。それ無しに真の日本の繁栄と独立はあり得ない。**

さらにまた、スーパーコンピュータは、世界一を常に目指しながらも2位以下への転落が毎年のように繰り返されるほど、最先端技術競争は無限だ。この競争は、2000馬力エンジンの開発に国家の存亡をかけて死力を尽くした英・米・独・日のエンジン技術者たちの戦いと変わらない。世界と日本のエンジニアたちの戦いは、今日も続く。そして、「疾風」の成功と失敗は国民にとって本質的な「国富」とは何かを私たちに教えてくれる。ごく少数の世界的メーカーが世界の頂点に立つためには、それ以前にプラグやケーブルといった小さな部品を精度高く作れる無数の中小部品メーカーが国内にあってはじめて可能となる。一般的に、産業技術を知らない机上の論者は、「比較優位論」「サービス化経済」「資本効率性」といった論点で国内ものつくり軽視を叫ぶが、それらは非常に単純な理論に立脚している。だが、戦中の困難な時期に日本人エンジニアが生み出した高性能戦闘機「疾風」は、基礎工業力のなかでも中小部品メーカーの劣勢のため、期待された成果を発揮できなかった。それゆえに、**中小部品メーカーこそが真の国富そのものなのだ。**

注

（1）桜井眞一郎「あの時代」の告白『NISSAN SKYLINE GT-R』（2009）㈱ネコ・パブリッシング、47頁。
（2）田形竹尾・杉崎恵之・伊藤藤太郎・難波茂樹（1991）『「飛燕」よ決戦の大空へはばたけ』光人社、37－68頁。
（3）R.J. Francillon（1987）*Japanese Aircraft of the Pacific War*, Naval Institute Press:

Maryland, USA.

（4）同上書、230―237頁（筆者訳）。［筆者注］。

（5）同上書（筆者訳）。［筆者加筆］。

（6）碇義朗（1996）『決戦機疾風航空技術の戦い』光人社NF文庫、193頁。

（7）碇義朗（1976）『戦闘機疾風』白金書房。

（8）碇義朗（1996）『決戦機疾風航空技術の戦い』光人社NF文庫、119頁。

（9）同上書、169頁。

（10）同上書、170―171頁・［筆者注］。

（11）前間孝則（1993）『マン・マシンの昭和伝説（上）』講談社、40頁。［筆者注］。

（12）同上書、42―43頁。

（13）同上書、44頁。

（14）同上書、46頁。

（15）同上書、43頁。

（16）本田宗一郎著（2001）『本田宗一郎　夢を力に』日経ビジネス人文庫。

（17）藤沢武夫（1986）『経営に終わりはない』文藝春秋。

（18）『プロジェクトX　制覇せよ、世界最高峰レース』（2002）NHK2002年5月7日放送。

3章 失敗した日本のレーダー開発

20世紀前半の革命的エレクトロニクス兵器と呼ばれるレーダーは、第二次世界大戦の帰趨を決した。だがレーダーは、日本でも戦前から『海軍技術研究所』を中心にずいぶんと研究されながら、終戦まで実戦レベルに達するシステムとして実用に供せられることはなかった。

これに対して英米陣営は、はじめに英国の大学と空軍が協力して実用的なレーダーを開発し、次に米国で大統領令に基づき大学・軍・メーカーが総力を挙げてボストンのMIT（マサチューセッツ工科大学）に結集し、**250㎞（日本は30㎞程度）以上を見通せる水平・高度の測定が可能な信頼性の高い高性能3次元レーダーを、1943年までに完成させた。**そして、1944年に米海軍は全艦隊へのレーダー配備を完了した。その結果、同年6月19－20日のマリアナ沖海戦において、米国側レーダーに日本側攻撃部隊の位置は予め100％捕捉され、日本海軍の連合艦隊は実質的に壊滅した。

その後、サイパン島・テニアン島に大型爆撃機用の補給整備基地を保有するに至った米軍は、B－29による日本本土爆撃を開始し、はじめは軍需工場をねらい、のちエスカレートした無差別爆撃による都市部への焼夷弾大量投下と2発の新型原爆投下によって、100万人以上にも上る一般市民の大量殺戮が始まった。

1　英米が協調開発した革命的エレクトロニクス兵器・レーダー

1941年12月8日、日本海軍はハワイ・オアフ島にある米国太平洋艦隊基地（パールハーバー）を攻撃した。その結果、米国は、日本のみならずそれまで中立を維持していた日本の軍事同盟国独との両面戦争へと突入した。日本との戦いは太平洋と諸島をめぐる戦いで、敵は洋上における日本海軍の強力な空母を中心とする機動部隊保有の艦載機であった。同時に、同盟国英国を支援する補給作戦において独との大西洋の戦いでは、敵は強力な独海軍潜水艦「Uボート」であった。

そのため、大西洋と太平洋の両面で戦いを強いられた米国にとって、戦局を左右する最重要兵器は、洋上で敵を見通す**「艦船および航空機搭載の高性能レーダー」**、海中に潜む潜水艦をいち早く発見する**「対潜ソナー」**、そして10m以内の敵航空機に近接すると自ら発信する無線信号の応答をキャッチして自爆する砲弾組込型の**「VT（近接）信管」**であった。

つまり、第二次世界大戦中に米国で実用化された「レーダー」「対潜ソナー」「VT信管」は、大戦の帰趨を決定した革命的なエレクトロニクス兵器であり、20世紀前半最大のイノベーションの1つであった。

これにより、開戦当初は保有空母数において米国海軍に勝り太平洋の制海権を握っていた日本海軍と、優勢な潜水艦部隊で大西洋の事実上の制海権を握っていた独海軍は、米国の新兵器により大敗し、再起不能な壊滅的打撃を被った。その結果、１９４３年初めまで優位に海での戦いを進めていた日独海軍は、それ以降、米国海軍に対して手も足も出せないという悲劇に襲われる。

19世紀に、独国のハインリッヒ・ヘルツが電磁波の実験を行っているとき、周囲に存在する導体との干渉作用からレーダーの作動原理を偶然発見した。そして、１９３５年までに、英国において、電波を利用した電離層の観測中に航空機が観測を妨害する現象を発見し、レーダーの原理が実証された。その結果、国内大学の研究者を総動員して革命的な新兵器「レーダー」開発が世界ではじめて英国で始まった。

１９４０年英国は、３点測定法による原始的な波長１００メートルの長波レーダーを用いた防空システムを実戦応用し、独空軍の爆撃機到米地点、高度と到着時間の推定に成功した。その結果、英空軍の主力戦闘機「スピットファイヤ」が、３０００メートル前後を飛行する独空軍の爆撃機を最適ポジション（背後１０００メートル上空）で迎撃することが可能となった。この努力によって、ヒトラーは準備完了済みであった英国本土上陸作戦を無期限延期せざるを得なくなった。

同年、チャーチル首相は、１９３９年に英国バーミンガム大学が開発した（と称する）マイクロ波レーダー用「マグネトロン」と、東北大生まれの「八木アンテナ」を組み合わせた英国製自立型マイクロ波レーダー技術について、米国に対し無償かつ無条件で技術供与することを決定した。これを受けて、対日戦1年半前の1940年夏、米国フランクリン・ルーズベルト大統領は、国家総動員令に準ずる「大統領令」を発令し、レーダーの開発を軍と大学に命じた。

本書はじめにも紹介した「HP社」生みの親として知られるスタンフォード大学工学部長のF・ターマン教授は、準戦時体制における国家総動員下で、1940年MITに設けられた「無線研究所」に招聘され、レーダー、ソナーおよびVT信管の開発プロジェクトの総指揮者となった。研究所には、大統領令に基づき全米の大学院工学博士課程を凍結して教師と学生4000名以上が集められ、原爆開発のマンハッタン計画に匹敵する国家資金がレーダー開発のために最優先で投入された。ターマン教授は、大統領要請に基づき戦局を左右するこれらエレクトロニクスの最重要兵器開発を指揮したが、その開発と生産の一部は教え子たちが設立した「HP社」にも当然及んだ。

HPでは生産に重点を置いていたが、大戦初期、海軍研究所の数人と知り合った際に、製品開発にも乗り出した。（中略）この関係の中で、研究所の一部門を取りしきるアンディ・ヘフ博士と知り合った。ヘフ博士のグループは、**マイクロ波発生器を開発していたが、**海軍用にこの装置をもっと入手したいということだった。**つぎに、高出力オーディオ信号発生器を開発した。この製品は軍用の近接（VT）信管の市場を築いた。**(1)

上記は、1995年に創業者パッカードがスタンフォード大発ベンチャーHPの創業史を個人的に綴った自叙伝からの抜粋である。そこには、第二次世界大戦の間の事業における思い出として、

「マイクロ波発生器」ならびに「VT信管」のことがさりげなく触れられている。だが、これこそが、サイパン島攻防をめぐって日米が激突したマリアナ沖海戦の戦局を決定づけた、20世紀前半最大のイノベーションといわれるエレクトロニクス兵器「レーダー」と「VT信管」であった。

たとえ、恩師が大統領指名により全米4000人の電子工学人材を結集した国家プロジェクトのトップであったとしても、1938年創業の生まれたて大学発ベンチャーであるHPに、その開発と製造の注文が国家予算でなされた事実を、私たち日本人は忘れてはならない。国家の命運を左右するほどのプロジェクトに、大学発のテクノロジー・ベンチャーが堂々と参画し、成果を上げて、自国兵士の命と国を守りぬいたのである。その最大の敵であり、惨敗者が日本海軍であった。

こうして、HP社も巻き込んで開発された米国製レーダーは、**範囲250キロメートルで水平方向と垂直方向の三次元識別**ができた。それに対して、海軍技術研究所の指揮の下、国内無線メーカーと国内大学が共同開発した日本製レーダーは、**範囲30キロメートルで水平方向の二次元識別**に過ぎなかった。まさに、子供と大人の差と言ってよい程の性能差である。

その結果、時速500キロメートルで飛来する敵戦闘機を30分前に高度まで含めて正確に捕捉できた米国航空母艦に対して、日本航空母艦の捕捉は敵機飛来のわずか4分前であった。航空母艦から迎撃機を発進させ絶好の迎撃ポジションである6000メートル上空に全機を到達させるためには、日米ともに熟練パイロットをもってしても20分を要した。その結果、米国は日本機到達の10分前に最適迎撃ポジションにつけたのに対して、日本側迎撃はまったく不可能であり、貴重なパイロットと戦闘機を搭載する日本空母は、米国側攻撃機によって次々と撃沈された。

また、VT信管（近接信管）は、信管内に仕組まれた3本のミニチュア真空管で構成される小型発振器センサーによって、10—15メートル以内の敵機（金属）を感知すれば砲弾を自動的に爆発させた。VT信管導入によって、対空射撃命中率は20倍向上したといわれる。つまり、後の特攻作戦における日本人パイロットは、対空弾幕を通過中にVT信管による砲弾破片の殺傷力によって大半が戦死していたと考えられる。

レーダーとVT信管が1943年末に世界で初めて米海軍で実用化され、1944年のマリアナ沖海戦で実戦配備された結果、日本側攻撃機に致命的な損害を与え日本海軍は事実上壊滅した。だが、日本海軍は、恐るべき新兵器VT信管の存在を敗戦まで知らず、VT信管による対空射撃で堅く防御する米海軍艦船に対して、精神論をもって20歳そこそこの若者、学徒兵を特攻隊として送り続けた。

2　レーダーにおけるコアテクノロジー

第二次世界大戦当時に実用化されたレーダーは、①指向性の鋭い送受信アンテナ、②波長数10㎝の直進性に優れるマイクロ波発振管「マグネトロン」、③反射電波を視覚化するブラウン管、の3つのコアテクノロジーで構成されていた。**だが、驚くべきことにこれらレーダーの3つのコアテク**

ノロジーは、いずれも戦前日本の地方大学において発明されていたのだった。

(1) 世界初の指向性アンテナの発明

東北帝国大学の八木秀次教授らは、1925（大正14）年に八木・宇田アンテナを米国の学会で発表した。同時に米英で単独発明者として登録された八木の名を冠する「八木アンテナ」（図表3－1）は、悪天候や暗闇でも電波で正確な方向性を得る画期的技術として英国で軍事応用が開始されたが、日本国内学会からは無視された。おそらく、東北大学発で純国産（外国由来でない）であることと、艦隊決戦から航空決戦に移行することを予想していなかった（または信じられなかった）海軍が、「自ら電波を発して索敵することの意義」を理解していなかった。その結果、わが国学会と軍部からの無視につながったと考えられる。

図表 3-1　世界初の指向性アンテナ
「八木アンテナ」（東北帝大）

（出典：東北大学電気通信研究所にて筆者撮影・編集）

(2) 世界初のマイクロ波発振用マグネトロン発明

マグネトロンは1920年GE社の Albert Hull が原

理を発明し、音声帯域での動作を実証した。これを改良して1927年東北帝国大学の岡部金治郎助教授が「分割陽極型マグネトロン」（図表3－2）を開発し、人類史上初のマイクロ波（波長1メートル以下）発振が可能になった。そして、1928年の米国学会で「八木・宇田アンテナ」とともに英文論文として発表された。

図表 3-2　世界初のマイクロ波マグネトロン（東北帝大）

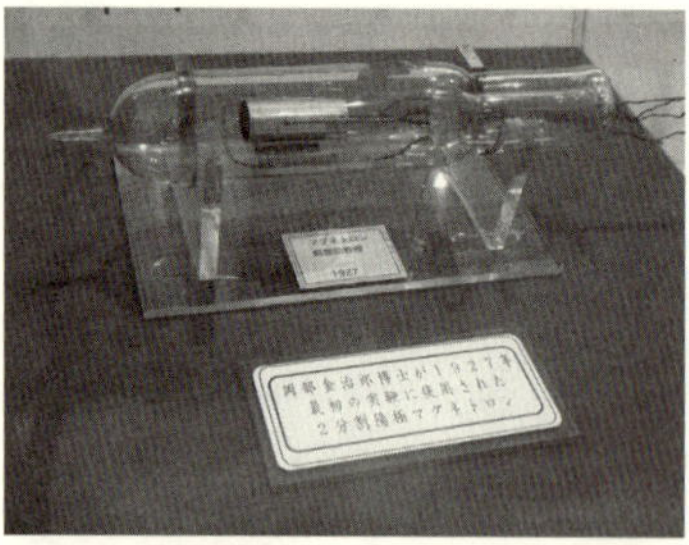

（出典：東北大学電気通信研究所にて筆者撮影）

マグネトロンが発生するマイクロ波は、波長が数十センチメートルで直進性が強く、指向性の高い八木・宇田アンテナと組み合わせると、反射波の戻ってくる時間と方向から目標物の位置を割り出すことが原理的に可能となった。今日のレーダーはアンテナがパラボラ型に変わるなど進化を続けたが、東北帝大発イノベーションは世界に衝撃を与えた。英国は、八木アンテナをレーダーに応用配備し、レーダー向けマグネトロンを開発した。

(3) 世界初のブラウン管テレビ受像機開発

1926（昭和元）年、浜松高等工業の高柳健次郎助教授が「電送テレビ画像のブラウン管による受像」（図表3－3）に世界で初めて成功した。それは、1940年に予定されていた「幻の東京オリンピック」で使われるべく、高柳助教授がＮＨＫに出向してテレビ受像機の研究を開始したことがきっかけであったが、日中戦争の激化で東京オリンピックは中止され、テレビ研究も中断した。

図表3-3　高柳健次郎助教授（当時）のブラウン管方式テレビ受像画面：イロハの「イ」（再現）

ニポー円板送像方式でブラウン管上に写し出された「イ」の字

（出典：高柳記念未来技術創造館 Webサイトから引用）

テレビの中核をなすコアテクノロジーは２つあって、動画カメラとブラウン管式受像表示管である。一方、この受像表示管はレーダーの反射波を正確に映像化するために欠かせない装置でもあった。

したがって、レーダーを構成する3大コアテクノロジーである「マイクロ波発振器」「指向性の鋭い八木・宇田アンテナ」「結果を表示するブラウン管式表示装置」が、第二次世界大戦開始の12年以上前に国内地方大学（東北大・静岡大）の手で世界に先駆けて発明されていたのだった。だが、国の将来をかけてこれらエレクトロニクス兵器の実用化に国家をあげて開発に取り組んだ英米に比して、コアテクノロジーの発明国日本の国家的取り組みはないにも等しい水準だった。それはなぜだろうか？

図表3-4　1942年シンガポール陥落時に英軍から捕獲した「レーダー操作マニュアル」の報告書と本文の冒頭

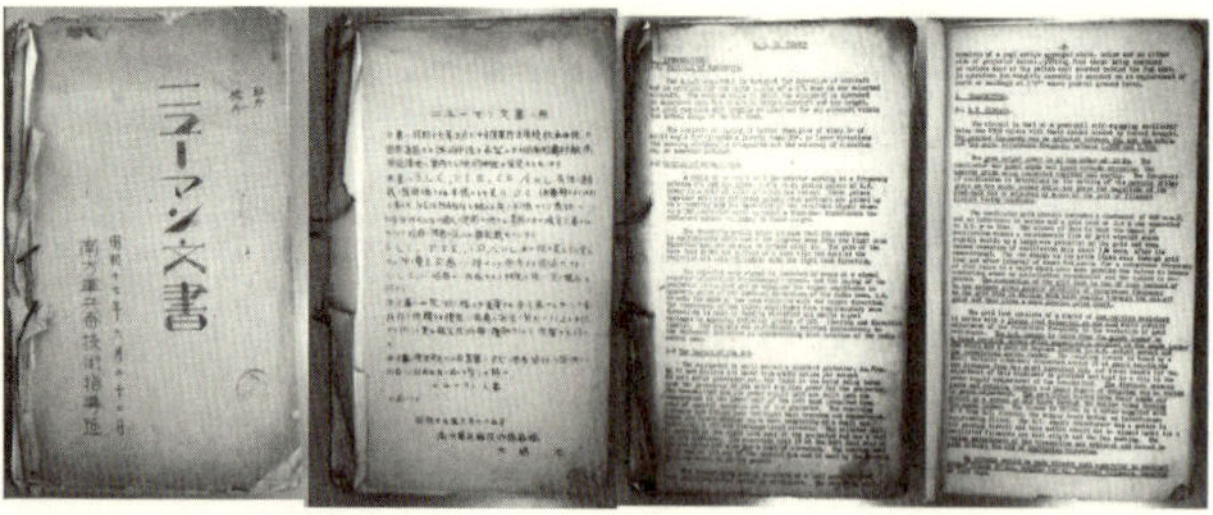

（出典：東北大学史料館所蔵）

3　シンガポールで捕獲した英国製レーダー

これらの要素技術のうち「八木・宇田アンテナ」と「マグネトロン」は、欧米学会では大々的な評判を呼び、各国での軍事面における技術応用がその後急速に進んだ。八木・宇田アンテナは、初期の防空用陸上設置型レーダーに欠かせない索敵方位測定の中枢部品に発展していたのだった。英国では、第二次世界大戦中の独の空襲に対する防空の目的でレーダー開発には力を入れていて、実際に配備され大きな効果を得ていた。

これらの事情を知らないまま日本軍は当時の英国領シンガポールに侵攻し、真珠湾奇襲成功直後の1942年2月に同地を占領したところ、降伏作業中に英軍が焼却しそこねたとみられる「極秘」表示の新兵器技術マニュアルらしきものを発見した。日本軍関係者が中を見たところ、そのマニュアルは重大な技術資料らしいと判明、日本に送って解読を試みたがたびたび出てくる「Yagi Array」という単語の発音がわからず意味も理解できなかった。

やむなく、当時の東京・東品川3丁目にあった「東京俘虜収容所」に収容されていた文書の持ち主の英軍捕虜のニューマン伍長（兵卒の一段上）本人に尋問したところ、先の学会論文で欧米ではよく知られた日本人学者名「八木」の音訳であることが判明した。関係者一同は仰天しながらも、国産レーダー開発に応用を試みたが時すでに遅かった。

4　日本の戦前・戦中におけるレーダー開発

海軍における本格的な電気通信研究の始まりは、大正12年にそれまで東京・築地にあった海軍艦形試験所、航空機実験所、造兵敞を統合して発足した「海軍技術研究所」であった。それが、関東大震災で被害を受けたことを契機に、昭和5年東京・目黒の陸軍火薬製造所跡現防衛省艦艇装備研究所に移転し新館が竣工した。そこに新たに設置された「電気研究部」が海軍レーダー研究の拠点であった。そこには、無線電話機、無線応用・方位測定器、受信機・測波器、艦船用無線機、暗号機、大型送信機、無線操縦、写真電送、航空無線、音響の各部門があった。

日本海軍にもチャンスはあった。東北帝大で1925年に世界初のマイクロ波出力管マグネトロンが発明されてから12年後の1937年、英国に先立つこと2年、海軍技術研究所は、波長10㎝／出力10ワット「橘型マグネトロン」の開発に成功していた。しかも、このマグネトロンを応用したマイクロ波レーダーの実用化研究を、製造元の「日本無線」と共同で幾度もトライした。

だが、艦隊の装備品開発の一切を取り仕切る艦政本部は、真剣にこれを取り上げようとしなかった。それどころか、初期には、「そんなものは闇夜に提灯をつけるようなもので、海軍の伝統である奇襲攻撃には不向き」ととりあおうとしなかったといわれる。(2)

さらには、開戦2年目の1942年に、海軍技術研究所を所管する海軍艦政本部高官はセンチ波電探研究の中止命令を出し、マグネトロンの製造メーカー「日本無線」に対し中断の意向を伝達した。

日本海軍は、英国防空レーダーの活躍によって、同盟国独による英国本土侵攻が阻止された事実を知らないはずがなかった。同様に、占領したシンガポールで格段に進化した「八木アンテナ」を4つ搭載する英国製の八木アンテナ式レーダーを捕獲し、東京へ移送された現物に触れ、事もあろうに英軍エンジニアを東京の捕虜収容所で尋問していた。

他方、米国は、レーダー開発に国家の要請に基づき大学・軍・メーカーが総力をあげて取り組んでいた。**そこから考えると、言葉を失うほどの日本海軍首脳陣の非科学性・妄言は一体どこに由来するのか、イノベーションの失敗という観点から、われわれは深く考察する必要がある。**まさに、「知らなかった」では済まされないのだ。

「もっと役に立つ電探を送れ」と、米軍レーダーに毎日犠牲を強いられている実戦部隊から血の出るような要請が寄せられていた当時、驚くべきことに国内艦政本部は「よほどのものができないかぎり、考慮の余地なし」といっていたという。(3)

1945年の敗戦から2ヵ月後、コンプトンMIT学長を団長とする米国の対日軍事技術調査団が訪日した。その中に「日本のレーダー開発」に関するリポートがある。

1945年の時点の日本のレーダー研究は、英国および米国に3―4年の遅れがあったと考えられる。**日本はマグネトロン（磁電管）の設計においてオリジナリティを発揮したが、陸海軍共別々に製作しており、その製品性能は米英のものに比して劣っていた。**［中略］結論として、日本の新兵器開発に関する戦時研究体制に学ぶべきものは、ほとんど無い。(4)

それでは、米英よりも早くすぐれたレーダーに必須のコアテクノロジー「マグネトロン」を東北帝大が発明し、かつ遅れて旧海軍技術研究所も戦前に実用的な「高周波マグネトロン」開発に成功していた日本が、どうして実用的なマイクロ波レーダーを実戦投入できなかったのであろうか。また、開戦当初にシンガポール占領で英国製最新鋭レーダーを入手しながらも、実用的なレーダー開発に米英に3―4年遅れてしまったのはなぜだろうか。

これらの疑問に答えるためには、当時の日本レーダー開発に関して真の背景を知る必要がある。

(1) 基礎工業力の低さ

「四式戦疾風」でも問題となった基礎工業力の低さは、レーダー開発でも致命的なマイナス要因となった。

もっとも、信頼性がなかったのは、［波長10㎝の］二号二型だけではない。対空見張り用として大量につくられ、多くの艦船に装備されたメートル波の二号一型も、信頼性が乏しく、第一線でしばしば故障を起こし問題になった。これは、電探を操作する電測員の未熟なせいもあるが、**大半は真空管の不良が原因であった**。例えば、二号一型は大小さまざまな真空管が五十四本（二号二型は約四十本）使われている。そのうち真空管が一本でもボケると、電探全体が用をなさなくなってしまう。とくに初期の電探は、実戦を念頭につくったものでなかったため、主砲や対空砲火の一斉射撃のショック、反動のため、真空管の球切れや性能の狂うものが続出する。そのほか、コンデサー、抵抗器、絶縁物といった部品も、南方特有の高温多湿に遭うと、たちまち性能不良になってしまう。それが実情だった。(5)

これに拍車をかけたのが資材不足と、粗悪な代用品の横行である。当時、東芝、日本電気、日本無線などの大手メーカーは、真空管の不良率の増加と、短寿命に泣かされていた。何しろ、ひどいときは百個つくっても特性検査に合格するのは一、二個しかない。しかも、通電して百時間もするともう球切れ現象を起こす。(6)

「もっと困ったのは、コンセントとかプラグ、コードの類、そういう細かい部品にも粗悪品が多かったことです。」と高柳［健次郎教授］は当時の内情を打ち明ける。知らない人はそんなことが、と思うかも知れない。だが、部品の品質問題は、そんなところまで広がっていたのである。(7)

(2) 一貫した計画性のなさ

マイクロ波レーダー研究の発端となるマグネトロン研究分野で日本は世界でも最も早く手がけていた。しかしながら、その後のレーダー研究につながるような実用化研究は研究者個人の提案に依存していた。その証拠に、数少ない日本のレーダー開発史をたどると、人物に関する記述が強調されすぎており長期計画性に関する記述がほとんどみられない。

だが、すでにレーダーは敵国で開発に着手されており、それが実用化された場合に自国の安全保障が脅かされるほどの深刻さであることは当然理解できたはずであった。理性的な軍事技術者であれば、開発すべき目的（広い海上で敵の所在を可能なかぎり事前に察知して有効な迎撃体制を整える）と、目標（時速500キロメートルの敵航空の場合、迎撃準備に要する30分前＝250キロメートル前で察知されなくてはならない）は論理的に明解だ。それゆえ、その目標達成の到達段階ごとに、必要となるコアテクノロジーと周辺技術の達成条件を計画し、実行しなければならない。それが日本海軍には備わっていなかった。一体、海軍の合理性はどこに行ってしまったのだろうか？

(3) 技術マネジメントの不在

航空機もレーダーも無かった1905年の日露戦争で日本海海戦時に作成された「海軍作戦要務令」は、驚くべきことに1941年の日本海軍に未だ生きていた。その結果、いわゆる大艦巨砲主義は根強く海軍幹部に浸透し、艦艇や搭載兵器の開発を担う艦政本部もまた思考停止状態にあった。

そのため、一部の先見の明ある意見は、本部の膨大な官僚機構の中で握りつぶされていた。**まさに、研究と開発のそれぞれの目的と目標が、観念的な大艦巨砲主義に基づき、曖昧かつ個人的に解釈判断されてきたのだった。未だ実用化されていないイノベーションに対するこの後ろ向きで曖昧な体質は、今もなお日本企業や大学で散見される。**

それが、無謀な対米戦争に日本海軍が挑戦した真の原因であるし、レーダーという絶対不可欠な20世紀の革命的兵器開発に対してほぼ盲目ないし不感症で有り続けた理由ともいえる。さらに、海軍と陸軍は別々にレーダー研究に取り組んでいた。それでなくとも人材や資源に限りがある研究部門ですら両者が一致団結できないことの愚かさは、何度指摘しても足りない稚拙さである。

だからこそ、大学と産業界に散る人材を、国家存亡のときに陸海軍の別なく統合マネジメントの下で国家総動員すべきであった。だが、今でいう産学連携は絵に描いた餅に過ぎなかった。**マネジメントとは、目的と目標を明確にしたとき、その実現にむけて最適な資源配分を行いながら当初計画を達成するための組織運営手法の構築を意味する。そうした意味で、太平洋戦争における日本海軍のレーダー開発には真の技術マネジメントが欠落していた。**

米国で戦時中に、ハーバード大学ビジネススクール内にＡＭＰ（アドバンスド・マネジメント・プログラム）が開設され、軍人および軍需産業にかかわる人材のマネジメント教育に国家と大学が全力をあげたことと比較すると、日本の軍首脳と大学理工学系学部のみならず、日本の経営系学部は米国に比してあまりに非力だった。

(4) 研究者など人的資源の絶対的不足

戦前、レーダー開発に不可欠な弱電分野に強い日本の大学は、わずかに東北帝大と大阪帝大、浜松高等工業学校の3校程度に過ぎなかった。それぞれ20名定員としてわずか年間60名の卒業生に過ぎない。このような数少ないエリート教育の強みは、1人ひとりの学生が十分な少数精鋭教育を受けて、しかも全員が志願して入学する学生の素質が高いことも相乗し、素晴らしいエンジニアを生み出せることにある。だが、弱みも存在する。それは基礎工業力の低さにもかかわってくることだが、すぐれた科学を実用化するためには欠かせない無数のエンジニアと、信頼性の高い部品を供給する中小企業群が絶対的に国内に不足していたことである。工業高専と工業高校の充実無しに、一国の工業水準を高めることはできない。それゆえ、戦後の教育改革においてこうした学校群に特別な資金が投入されてきたのは、戦前戦中の反省によるものと理解される。

このような日本海軍におけるレーダーの開発状況に対して、きわめて対照的だったのが米国であった。前間孝則著『技術者たちの敗戦』(8)によると、1939年の独軍によるポーランド侵攻に際して、時のルーズベルト大統領、政府閣僚、陸海軍首脳、学会は、国家防衛委員会（NDRC）設置を決定した。委員会は、全米でリーダーシップをとる科学者、医者、心理学者の名簿を作成し、そこから科学者6000名の動員を可能としたという。そこに、レーダー開発に欠かせないプロジェクトリーダーとして、HP社生みの親でもあるスタンフォード大学工学部長のF・ターマン教授を選出した。

そして、**決定的に日本陸海軍のマネジメントと異なる点は、陸海空の各軍が必要とする研究課題や兵器開発について、その検討を同委員会に委任した点である。**つまり、科学評価や兵器開発のマネジメントは専門家である委員会に全面委託し、軍人は軍人の領分にとどまらせた点が日本と決定的に異なった。委員会に属する各分野の専門家は、これら軍の要請に基づきその課題解決にふさわしい研究機関や大学、企業を検討した上で選定した。そのあと、当該機関との調整を経て実施課題を決定したという。

すなわち、科学から技術にいたるマネジメントが、大統領の命令の下に整然と機能していた。ここに、陸軍と海軍の対立、個人の思いなどといった属人的混乱は一切生じ得ない。つまり、日米のレーダー開発における決定的差異は、「技術マネジメント」の差にあった。米国は、政府が主催する委員会に陸海空軍の要求をマネジメントせしめたが、**日本ではあくまでも陸軍と海軍がそれを主たる任務として開発の主導権を離そうとせず、そして軍人たちによる大したマネジメントもないままに大戦に突入し、負けるべくして負けてしまった。**

このような情けないマネジメント以前のマネジメントの象徴として、「四号二型電探」の配置状況があげられる。同電探は、1942年2月にシンガポールで捕獲した英国陸軍の操作マニュアルをもとに製作され、国産レーダーでは初めて八木・宇田アンテナが使用された。だが、1942年12月に完成して総数120台を生産したのに、配備されたのはわずかに10数台だったという。ちなみに、波長10センチメートルの二号二型は1000台以上製造され、ほとんどの艦艇に装備され射撃用として使用されたが、先に述べた真空管の信頼性が極度に低いため戦闘中の実戦に耐えなかった。三号一型・三型は艦載用として設計され、波長10センチメートル、出力2キロワットなどの高性能化が図られたが、実戦には間に合わなかった。

5　海軍技術者を母体とするテクノロジー・ベンチャー「ソニー」誕生

結局、戦局の挽回に貢献できずに終わった日本のレーダー開発であったが、**その技術遺産は戦後日本のエレクトロニクス産業の発展に十分すぎるほどの貢献をもたらした。それは、レーダー開発に象徴される海軍の無線・通信・エレクトロニクス研究にかかわった人材の蓄積である。**

大学電気工学科または関連学科を卒業した彼らの多くは海軍に召集され、海軍技術士官となった。その結果、陸軍が人材を単なる歩兵として消耗品同様に南方戦線に送り出したのに対して、彼ら海軍技術士官は、短期現役であれ永久服務であれ、ともかくも戦地で戦うよりは国内の研究所、工廠などに温存された。そして、戦後、彼らのある者は逓信省電気試験所（現NTT研究所＋現産業総合研究所）、大学、NEC・富士通・日立製作所・三菱電機などのメーカー、そして中小企業に移り、戦後日本エレクトロニクス産業の誕生と発展に絶大な貢献を行った。

その1つに、戦前より陸海軍からのエレクトロニクス兵器開発を担っていた「日本測定器」の開発担当取締役である井深大がいる。井深は、1945年敗戦直後の東京へ疎開先の長野から戻って

図表 3-5　ソニー主要エンジニアの背景

エンジニア	出身校	戦時中階級	ソニー業績	ソニー最終職位
盛田昭夫	大阪帝大理学	海軍技術中尉	ソニー共同創業	副社長・社長・会長
岩間和夫	東京帝大理学	海軍技術大尉	トランジスタ開発	副社長・社長
児玉武敏	大阪帝大理学	海軍技術中尉	テープレコーダーメカ	相談役
戸沢圭三郎	名古屋帝大航空	海軍技術大尉	磁気テープ	ソニー・エバレディ会長
塚本哲夫	大阪帝大理学	海軍技術中尉	半導体製造	ソニー湖北短大学長
鳩山道夫	東京帝大理学	海軍技師(＊レーダー開発)		ソニー初代研究所長
成松明寿	東京帝大理学	海軍技術大尉		ソニー・マグネスケール社長

きて、テクノロジー・ベンチャー「東京通信工業」のちのソニーを創業した。そして、戦時中、海軍技術研究所の海軍側メンバーとして、日本測定器から参加していた産学軍研究会メンバーである井深と接していた、盛田昭夫海軍技術中尉が「東京通信工業」設立に参画している。ソニーの歴史を紐解けば、同社が海軍技術士官達によって作られたベンチャーであることは明瞭である。

このように、戦時中、海軍技術研究所において活躍した技術士官の多くが、戦後の混乱期に戦前からの大手メーカーへの転職のみならず新興のテクノロジー・ベンチャーに職を求め、かつ、若い彼らの独創性・エネルギー・海軍スピリットは縦横にベンチャー発展に貢献したのであった。もちろん、レーダー開発に懸命に取り組んだ旧海軍技術士官たちは、戦後、NEC、富士通、ビクターなどの社長・副社長として大活躍した。

6　まとめ：上位概念なしにイノベーションは生まれず

戦前日本の地方大学では、すでに大戦の帰趨を左右する革新的兵器レーダーのコアテクノロジーが発明されていた。にもかかわらず、日本陸海軍はそれぞれ別々、バラバラに、担当者の思いつき程度のマネジメントとはとうていいえない程度の稚拙なマネジメントの下で、こうした優秀な日本の大学が生み出した核心的イノベーションを、レーダーとして統合・具現化することができなかった。

その結果、英国や米国にレーダー実用化で先を越され、実戦では当の発明国が大敗を喫した。シンガポールで八木アンテナが活用された英軍のレーダー機材を発見し、あわてて追いかけたが時すでに遅かった。

このことは、今も日本人が陥りがちな欠点にも通ずる。

たとえば、指向性アンテナ、マイクロ波発振器、ブラウン表示管、これに加えて諸々の周辺技術がテーブルの上に並んだとき、欧米人なら「面白いものが集まっている。これらを組み合わせるともっと面白いものが1つできるのではないか？」という統合型の発想をする。Windowsでいうならば、「ファイルが3つできた、それをひとまとめに入れるフォルダに付ける名前は何か？」である。つまり「上位概念」へと進む。

これに対して、多くの日本人は、「それぞれ面白い。それぞれに人を増員してもっと詳細に調べよう」という解析型の発想になる。Windowsでいうならば、「ファイルが3つできた、それぞれにフォルダを割り当て、より詳細なファイルを増やそう」である。いわば「下位概念」へ進む。

同じものを発見したときに「上位概念」へ進む欧米人と、「下位概念」へ進む日本人の違いが、レーダー開発の差につながった。しかも、「八木・宇田アンテナ」や「高周波マグネトロン」の自国内発明から開戦まで、実に14年間もの猶予があったのにである。

そこで、失敗した日本のレーダー開発で観察される思考方法の違いと遅れが第二部での、「なぜソニーは、iPodでアップルに追い越されたのか」という問いへとつながる。

注

(1) D・パッカード著、伊豆原弓訳（1995）『HPウェイ』日経BP出版センター、76―77頁。［筆者注］。
(2) 中川靖造（1987）『海軍技術研究所』日本経済新聞社、50頁。
(3) 同上書、149頁。
(4) 前間孝則『技術者たちの敗戦』（2004）草思社、202頁。
(5) 中川靖造（1987）『海軍技術研究所』日本経済新聞社、146頁。
(6) 同上書、182頁。
(7) 同上書、184頁。
(8) 前間孝則『技術者たちの敗戦』（2004）草思社。

第二部

戦後日本の核心的イノベーション
トランジスタ発明とエレクトロニクス

20世紀の終わり頃から21世紀にかけて生まれた読者には想像もつかないだろうが、現在のスマートフォンに相当するリアルタイム型の情報端末は、1950年当時は「真空管ラジオ」と呼ばれる電子装置であった。

それは、1人1台どころかせいぜい一家に1台で、その住宅にはまだ有線の電話機すらない時代であった。ラジオは、縦横高さが30㎝×50㎝×30㎝程度の大きめの宅急便サイズくらいの木箱製で、重量は5~10kg程度だった。中身は、菓子箱大のシャーシーと呼ばれるアルミ製基台に、白熱電球の一種である真空管が5本立ち並び、スキマから中を覗くと怪しく光輝き、スイッチを入れると30秒くらい経ってから「正午のニュースです。・・」と音声だけが響き渡る「情報端末」であった。

この、「現在のスマホに相当するリアルタイム型の情報端末・ラジオ」は、以下に述べる「トランジスタ」の登場によりドラマチックに変貌していったのだった。その変貌の足跡は第二次大戦終結後大発展をとげた「エレクトロニクス産業の歴史」そのものであり、また、奇跡といわれた「日本の高度成長期」の足跡でもある。

第二部では、「トランジスタ」の発明から「インターネット」に至る産業技術史を駆け足でたどりながら、日米の「イノベーション構造」の違いに迫ってみることにする。

4章 米国生まれトランジスタの日本での発展

「トランジスタ」というものが米国で発明され、それを利用した「トランジスタ・ラジオというものが一世を風靡した」ことを知る人も少なくなりつつある。「トランジスタ」が起こしたイノベーションとその足跡をたどってみよう。

1　トランジスタの発明

「トランジスタ」とは何か。現代のエレクトロニクス製品を代表するスマートフォンには、8～64GB（ギガバイト）のメモリーが搭載されている。1バイト＝8ビットのメモリーにトランジスタが16個使用されていると仮定すると、これらのメモリーだけでトランジスタが128～1024G個使用されている計算になり、Gは0が9個連なる単位だから10億に相当する。つまり、1280億個～1兆240億個という途方もない数のトランジスタが1台のスマートフォンに内蔵されている。CPUやディスプレイ、カメラのセンサー素子もトランジスタのカタマリであることを考慮すると、この数字はさらに大きくなる。

「トランジスタ」は、ウイリアム・ショックレーという米国人と、その2人の部下ジョン・バーディーンとウォルター・ブラッテンによって発明された。彼らは、第二次世界大戦終結の2年後、1947年のクリスマス休暇直前に米国の通信機製造会社ウエスタン・エレクトリックで社内デモを行い、1956年にノーベル賞を共同受賞した大発明であった。後の社会に壮大なインパクトを与えるイノベーションの萌芽であった。

そして、「トランジスタ」発明の直後より、後に続くテクノロジー発展と商業化に3人の日本人が深く関わった。井深大、盛田昭夫、岩間和夫である。3人は1946年のソニー創業後2代目から4代目まで同社の社長をリレーし、特に地球物理学科出身の岩間は米国の現地工場で見聞きしたトランジスタの製造方法を256枚の「岩間レポート」にしたため、2・3日おきに航空便で東京に送り続けたことで知られている（ソニー社史）。

こうして、1947年の発明からソニーによってもたらされたトランジスタのイノベーションについて、その連続的な商業化具体例を4つ説明する。

2 商業化第1弾：トランジスタ・ラジオ

トランジスタ商業化の第1弾は、「トランジスタ・ラジオ」であった。1955年発売のソニー製トランジスタ・ラジオ「TR－55」は縦横高さ４cm×14cm×９cm、重量０・56kgという驚異的な小ささで市場に登場し世間を驚かせた。前年にリージェンシー社が発売した米国市場に続き、これで一家に1台だったラジオは、敗戦国日本でありながらいちはやくも1人1台の時代に突入した。「ポケッタブル・ラジオ」という創業者の1人・盛田昭夫による造語とともに、若者が先進性をアピールする小道具になり、現代の「スマホ」に通じる流行の先端技術商品となった。

図表4-1　TR55の写真

（出典：ソニー株式会社ウェブサイト）

3　商業化第2弾：トランジスタ・テレビ

「トランジスタ・ラジオ」に続くトランジスタ商業化の第2弾は、「トランジスタ・テレビ」であった。日本の白黒テレビは、「トランジスタ・ラジオTR－55」発売と同年の１９５５年に放送が始まり、１９５８年には完成したばかりの「東京タワー（３３２ｍ）」からカラーテレビ放送が開始された。当時のカラー受像機は真空管を20本以上使用して３００Ｗも消費する「大飯ぐらい」であった。そればかりか、既存の白黒テレビにもカラー放送が映るよう絶妙に考案されたＮＴＳＣ放送方式（ＮＴＳＣの正式名称は「（アメリカ）National Television System Committee 方式」であったがその色調不安定さを嗤って「Not The Same Color」と皮肉られていた）であったため、受像機内部温度の上昇とともに色調調整がズレていく現象が頻繁に起こった。これにより、番組の最初から最後に向かう経過とともに同一人物の顔色がどんどん変化していくという色調不安定性が問題となり、メーカーも視聴者も双方が悩まされていた。

１９２６年に旧浜松高等工業学校（現静岡大学工学部）の高柳健次郎助教授（当時）が受像管表示法を開発した。この日本生まれ米国育ちの「テレビ」が、ソニーの意欲的な技術開発によって内部回路が真空管からトランジスタへと置き換えられたことと、数年後に発明されたソニーの「トリニトロン・ブラウン管」の開発によって、消費電力は激減し色調安定度は格段に向上した。当時のトランジスタは10Ｖ（ボルト）前後で動作するものが大半であったが、当時のブラウン管テレビの水平走査線を走らせる水平偏向コイルに１０００Ｖ以上の電圧をかけて駆動する必要があった。ソニーは、世界に先駆けてこの高圧トランジスタの量産化に成功し、自社のトランジスタ・テレビに搭載したのだった。

「トランジスタ・テレビ」は、その後の半導体技術の進歩にも支えられて２０１１年のアナログ停波と地上波デジタルへの移行まで、54年の長きにわたりＮＴＳＣ放送方式とともに日本のテレビ業界を支えた。ドイツ圏や中国で利用された「ＰＡＬ方式」もＮＴＳＣ方式の改良型であったから、実に世界の大半で放送スタンダードとして半世紀以上にわたって利用された。電波有効利用の観点から、制定当時の部品技術にとってはやや重荷となる回路処理を要するNTSC方式であったにもかかわらず、多数個のトランジスタの利用によりこの回路処理を安価に可能とした。トランジスタ発明の寄与が大きかった。

ちなみに、現在でも「ビデオ・ケーブル」と称して、黄色・白・赤の3色ピン・コネクタが両端についた3本（内2本は左右音声）ひと組のアナログ映像信号ケーブル伝送規格は、日本では電波法で規定されていたNTSC方式の放送電波から映像信号を取り出し（復調）、ブラウン管などの映像表示装置に送る機器内部規格を機器間接続に流用（極性反転）したものである。これがビデオ・テープレコーダの登場とともにレコーダーとテレビを接続する規格に援用され現在に至るが、現在、テレビ放送のデジタル化とともにHDMIケーブルにとって代わられつつある。

4　商業化第3弾：マイクロ・コンピュータ

トランジスタ商業化の第3弾は、いわずと知れた「マイクロ・コンピュータ（略称マイコン）」である。マイコン誕生の詳しい歴史は嶋正利の著書に譲る。[1]しかし算盤が普及していて四則計算が日常的に多用されていた日本で「電卓」が生まれ、それがマイクロプロセッサ開発の引き金となったことは特筆に値する。この、**嶋正利という日本人エンジニアが「設計」した4004という電卓用のLSIセットこそ、後のインテル製マイクロプロセッサ「8080」の原型となったからである。**

この「マイコン」は4ビット・マシンであったから、1ワードで扱える数字は0~15の16種類、加算・減算などの命令セットも16種類しかなかったが、電子式卓上計算機（電卓）の四則演算には十分な性能であった。その後、Intelはこれを8ビットに拡張して8008、さらに有名な8080、ザイログのZ80へと米国勢の開発が続き、次に述べる「パーソナル・コンピュータ」時代の幕開けになった。

図表4-2　嶋が設計したマイコン「4004」

（16pin-DIP（pin間隔は2.54mm、出典：情報処理技術遺産））

なお、総称としての「マイコン」という単語は歴史的に3種類の使われ方をしている。

①「マイクロプロセッサ本体」（例：4004や8080のようなチップ自身）

②「マイクロプロセッサ＋メモリ・デバイス＋外部素子駆動回路からなる情報処理型制御機器」（例：エアコン制御用、洗濯機制御用、エンジン制御用等）

③「②＋ディスプレイであって個人所有・用途のもの」、（例：いわゆるパソコン）

「マイコン」と呼ばれるトランジスタを数千個詰め込んだマイクロプロセッサが起こしたイノベーションもまた、

巨大な産業を起こし膨大な雇用を創出し、それを利用する人々の暮らしを豊かにした。マイコン炊飯器、マイコン洗濯機、マイコン掃除機、マイコン式エアコンなどである。長らく電子化を嫌っていた自動車業界も、１９８０年代にはエンジンのマイコン制御が主流となった。今では誰も「マイコン何々」とはいわないほど、マイコンは生活に浸透している。テレビのリモコン、カーテンのリモコン、車のリモコン・キー、玄関のオート・ドアや電車の切符（カード）にもマイコンが入っている。

以上の②型マイコンは、産業機器から家庭の日常機器までに広く行き渡り、日常生活や業務の利便化に貢献してきたが、③型マイコンすなわち「パソコン」にも触れねばなるまい。「パソコン」のはしりであった「コモドール64」は、その時代に最も人気のあったパソコンの1つであり、歴史上最も売れたホビーパソコンであるといわれている。ホビーに過ぎなかった理由は、「コモドール64」にはディスプレイは付属しておらず、すでに家庭に普及していたカラーテレビ受像機をディスプレイに流用するものであった。そのため、画面分解能の関係でワープロ

図表 4-3　NEC「PC9801」

出典：http://museum.ipsj.or.jp/computer/personal/0011.html
（一般社団法人情報処理学会Webサイト「コンピューター博物館」から引用）

の文字表示は不可能で、アプリケーションもピンポン・ゲームなどのお遊び程度の域を出なかった。

その後日本では、日本電気がPC98シリーズを市場に投入し、本格的なワープロソフトが走るマシンを発売して、同社はビジネス的にも大成功を収めた。それのみならず、米国市場に遅れることなく日本の大衆にパーソナル・コンピュータ時代の到来を体験させた。

その後のマイコン応用ビジネスは、パソコンからインターネット、ネットビジネス、流通革命、ソーシャルネット、ケイタイ、スマホまで20年足らずで走り抜けた。

5　商業化第4弾：フェリカ

最後に、トランジスタ商業化の第4弾として「SUICA」に代表される「フェリカ・カード」をはずすことができない。「フェリカ」とは、SUICA、PASMO、ICOCA、NANACO、おサイフケータイなどのサービス・アプリケーションを実現する「名刺サイズのカード媒体と非接触形リーダ／ライタシステムの総称」であって、「FeliCa」はソニーの登録商標である。

ソニーにおけるフェリカの開発は、1998年にさかのぼる。1970年代の銀行オンライン以来、個人認証やテレホン・カードに使われてきた磁気カードは、複製や盗み読みが比較的容易であったので不正利用が絶えず、利用企業からは高信頼な認証用カードが求められていた。これを解決するため、1993年頃からいわゆる「ICカード」が登場したが、カード表面の通信用端子が多数の金属電極でできており、接点の信頼性に難点があった。そこで接触に頼らない通信方式を用いたカードの開発が企図された。

こうして完成したフェリカ・カードには、マイクロ・プロセッサー、メモリー、暗号化ソフトなどが内蔵され、さらにこれらを動作させるための非接触受電型電源回路が内蔵されたので、高機能でありながら内蔵電池が不要であることが大きな特徴であった。この種のカードは、世界的には「Near Field Card（ＮＦＣ）」と呼ばれ、欧州中心で使用されているType-A、北米で使用されているType-B、が当時からＩＳＯ規格になった。アジア中心のフェリカはType-CとしてＩＳＯに提案されたが、３種類以上は不要とされＩＳＯ規格にはなり損ねた。

だが、１９９７年に香港の地下鉄が「オクトパス」という電子乗車券として初めて採用したのを皮切りに、２００１年にはＪＲ東日本が「ＳＵＩＣＡ」として採用、その後日本では広く普及して現在に至る。１秒以下で乗客に改札機を通過させる高速性が買われたほか、ハッキングが起きにくい高度な暗号性能などが評価された。おサイフ携帯やモバイル・スイカの便利さを知った日本人には、この先は最早フェリカなしには暮らしが成り立たないくらいに、日本の日常生活に浸透している。

「フェリカ」の開発にはソニーが大きく貢献した。

その１つは、元ソニーの伊賀・日下部らによるカード本体の発明であった。そのきっかけは元国鉄の研究所だった国分寺の鉄道総合技術研究所（初代会長は井深大）の依頼による「磁気カードに替わる電子定期券の開発」だった。定期券2枚を不正に使うキセル乗車による損害は旧国鉄時代の試算で年間100億円を超えるといわれていた。開発にあたりJR側が提示した仕様が「カードはバッテリ・レスにしてほしい」であった。たしかに定期券に充電器は考えにくい。そこでいわゆる「非接触給電」という技術を利用するICカードが誕生した。このICカードの総称が「フェリカ(FeliCa)」である。

その2つは、ソニーによる事業モデルの開発であった。カード中のメモリー容量が比較的大きいので、あらかじめプリペイド金額を記録しておいて支払の都度引き算をした残高を記録し直せば、財布のような使い方ができて大変便利になる。しかも、カードにはマイコンが内蔵されるので外国通貨であっても、換算レートを掛け算してから残高を記録できるから外貨交換の手数料が不要となる。つまり、Euro・Dollar・Yen の紙幣を持ち歩かずともカード1枚で世界旅行ができるのではないかというのが、その事業モデルであった。

そこで、Euro・Dollar・Yen の頭文字をとって「Edy」というプリペイド・マネー・サービスを始めた。なお、サービス提供会社は、当初、ソニーの子会社「フェリカネットワークス(株)」であったが、2014年現在は楽天の子会社「楽天 Edy(株)」へ移行している。せっかくこうしたイノベーションを確立したソニーも、結局、その後の事業化で大いなる果実を享受することはできなかった。

6　まとめ：商業化できるイノベーションを探せ

一時期、米国産業界から日本による米国基礎研究ただ乗り論を浴びせられたことがあったが、「イノベーションは、商業化という応用化テクノロジーなしに完成しない」と反論すればよかった。つまり、米国発イノベーションの完成に日本は商業化で協力したのだった。マイコンの分類に属する「パーソナル・コンピュータ」の商業化だけは、日本人が先頭を走ることは叶わなかった。だが、同じマイコンでも前記の分類で②型に属する「組み込み型」と呼ばれるマイコンは、電気炊飯器から自動車のエンジン制御にまで、広く日本人の手により導入されソフトも内作して大成功を収めた。

ちなみに、トヨタの人気車種「プリウス」に搭載されるマイコン用ソフトウエアは100万行を超えるといわれており、これらの国産マイコン技術は現在も世界の先端を走っており、今日の日本産業を幅広く支えている基幹技術となっている。

注

（1）嶋正利（1987）『マイクロコンピュータの誕生―わが青春の4004』岩波書店。

5章 CD／DVD開発の成功と失敗

1 CD／DVDが起動したイノベーションの歴史的位置づけ

これまでに、米国・ベル研究所のトランジスタの発明から始まったイノベーションは、いわば、半導体製品という「ツールの発展」がもたらしたイノベーションであった。これに対し、人々が持ち運べる「情報媒体（メディア）」によるイノベーションも存在する。

「情報媒体とは何ぞや」を議論するとき、手足の皮膚接触やボディ・ランゲージも感情や情報を伝達するが情報媒体と呼ばないことが普通だから、人類にとって最も古い情報媒体は音声言語であろう。

そして人類の次なるイノベーションは、「文字による記録」である。洞窟壁画などもこれの原始形態といえようが、これらは持ち運べないので情報媒体とは呼ばない。記録のための文字の発明そのものも大発明ではあるが、羊の皮やパピルスに記録された文字の運搬こそ、文明発展の原動力であった。それらは持ち運ばれて、大勢の人々に同じ情報を知識として伝え、いわば世論や文化を形成していった。1人の人間の脳ミソにのみ保存したり発生したりしていた記憶や個人的アイデアが、多数の人々の脳みそにコピーされて共有されたことこそ、文明の発祥と発展を支えたのである。すなわち、情報媒体とは、他人の脳みその中に情報のコピーをつくるための「橋わたし」媒体なのだ。これを最初に実現した情報媒体は羊の皮や木簡でありパピルス、後のペーパー（紙）だった。

ペーパーという情報媒体に強力な新技術が加わって、新世界が始まった。グーテンベルク（1398?～1468）の印刷技術である。グーテンベルクは、1445年に金を借りて印刷機を作り印刷事業を起こした。

よく知られているように、「印刷物」はその後ルネサンス、宗教改革、啓蒙時代、科学革命、の発展をもたらし、暗黒の中世から現代の科学的社会への大転換すなわちイノベーションの原動力となった。この印刷物こそ「情報媒体」である。

紙に文字を印刷した情報媒体は、「本」や「新聞・雑誌」に見られる総称「マスメディア」という新概念を生み出し社会に君臨した。しかし、エジソンによる音盤（レコード）の発明で音声による「複写情報媒体」が登場し、さらに電波を使って広範な地域

図表 5-1　1568 年印刷機

に同時性の情報を流す「放送」の概念がマスメディアに追加され、マスメディアの社会的・経済的重要性は飛躍的に増した。

このエジソン・レコードの発明があった1877年から105年後の1982年、ソニーから「CDP101」というCDプレーヤーが発売され、デジタル光ディスク時代が本格的に始まった。その前年に、日本のパイオニアから発売された「レーザーディスク」も光ディスクの一種だったが、アナログ記録だったのでここでは取り上げない。

2 日本の光ディスク産業が起こしたイノベーション

ひとくちに「光ディスク」と称する物には、大きく分けて次の2種類がある。1つは、CDやDVDに代表される大量出版システムとしての**ディスク媒体と再生用ドライブの組み合わせ**であり、もう1つは個人や企業が大規模データを運搬する目的で数枚だけ作成する**記録用ディスク媒体と記録再生用ドライブの組み合わせ**である。

前者のディスクは、大掛かりな記録装置で1枚だけ作成された「マスター・スタンパ」という一種の鋳型に、ポリカーボネイトという透明樹脂を高圧で流し込んで成形・製造する。このとき・スタンパ表面に1μ単位に刻まれた凹凸情報も同時にコピーされる。だいたい1枚を3秒程度で成形するので1時間に1000枚以上が安価に生産できる。データの複製（コピー）という観点からは新聞印刷の輪転機に近い性質をもつが、その複製スピード（bit/sec）は輪転機よりもはるかに速い。そして、成形の後にアルミ膜を蒸着してあのような銀色のCD／DVDができる。「読み取りドライブ」は、レーザー光線を直径1μ程度に絞り込み、ディスク表面に当てて反射光の強弱で情報を読み取る。

後者の「記録用ディスク媒体」の製造もほぼ似た製造工程だが、蒸着膜が異なる。パソコンの脇または内蔵の小型ドライブに搭載されたレーザー発振器の照射で直径1μ程度のスポットが記録できるよう、アルミ膜ではなく色素膜やアモルファス材料膜が蒸着される。「記録用ディスク媒体」ではこの時点ではまだデータは記録されておらず、記録用レーザ・ビーム案内用のミゾだけが成形されている。

「記録用ドライブ」の構造の詳細は省略するが、レーザー光線をディスクに弱めに当ててデータートラックのセンターラインを追随し、パソコン本体から逐次送られてくるデータに従ってレーザー光線を強／弱変調して記録ピット（黒丸／白丸）を形成する。この記録された黒丸／白丸は、アルミ膜蒸着で作られた大量出版媒体であるディスクに転写された情報ピットと同一の規則で符号化されるので、大量出版媒体再生専用の先行普及ドライブでも読み取りが可能となる（上位互換性）。

このことは、後述するように光ディスクがパソコン事業拡大に利用されパソコン普及に大きな貢献をする要因となった。**1982年に大量出版媒体として世に出た光ディスク技術は、その後引き続く日本人を中心とする技術開発によって、昔のテープレコーダーのように何度でも書き込みがで**

きる「記録媒体」として進化を続けた。

だが、イノベーションの進み方という観点から比べると、テープレコーダー技術と光ディスク技術では、技術の進み方が逆転していた。テープレコーダーは、個別録音ビジネスに始まって大量複製音楽や大量複製映像ビジネスに進んでいった。一方、光ディスクは大量複製音楽（CD）や大量複製映像（DVD）ビジネスから始まり、パソコンやレコーダーで個別記録もできる機能が数年遅れで追加されていった。

その結果、テープレコーダー技術商品は、高級家電から普及家電へという多くの家電に共通する事業展開を歩んだ。これに対し、光ディスク技術商品は、構造が簡単で価格の低い「再生専用機」から事業化が出発し、「記録機能」が追加機能として付加されていった。**このことは、それまでの家電製造業各社の高利益モデルを一変させ、低価格機でスタートした光ディスク関連商品は、高機能化を推し進めても価格を上げられない儲からないビジネスという、悲惨な市場構造に持ち込まれる一因となった。**

3　光ディスク産業が貢献したPCイノベーション

通産省（当時）が、日本発の国際標準とイノベーション起動を目指して指導し、業界も諸手をあげて取り組んだ「光ディスク事業の国際化」は、10年後になってみると上述のように産業としては

儲からない結果に終わった。(1)

一方、皮肉にも、これを目玉として利用することにより儲かった産業がある。初期（1995〜2005年頃）のパソコン産業である。1990年代初頭までのパソコンは現在のようにハードディスク・ドライブ（HDD）を備えておらず、DOSなどのOSはフロッピー・ドライブ「A」に、アプリケーションやユーザー・データはフロッピー・ドライブ「B」に格納されていた。今でもHDD搭載機もあるにはあったがUNIX用など高級機に限られていた。今でもウインドウズの「Computer」を開くと「Windows（C:）」が現れるのはこの時代の名残である。

他方、比較的早くからHDDを搭載していたApple製パソコン「Macintosh」は、そのOSが当初の数MB（メガバイト）程度からどんどん巨大化していき、1990年頃にはすでに30MBを突破していた。こうなると、パソコンを買ったらフロッピーがドサッと30枚も付属してきて、購入直後は電源を入れたら、画面にいわれるままに数十枚の3・5インチ・フロッピーディスクを差し替え続けないかぎり、高価なパソコンが初期設定できないという事態に直面した。

そこでパソコンで先行したアップル社は「CD－ROM」に着目した。1982年にソニーが発売した音楽用CDディスクは、もともと音声の左右チャンネルを各々16ビットでリニア・エンコードしたデジタル記録の媒体であったから、コンピュータ用にフォーマットを変形することは困難ではなかった。ただし各社が独自の変形を試み始めたので、ソニーが主導してISO9660という共通のデータ用フォーマットを国際標準とした。この結果、当時普及していたフロッピーの500

倍の大容量デジタルデータ頒布媒体市場が成立し、PCソフトの世界は一気に大容量化に向かった。同時に、OSのような同一内容のものなら、プレス・コピーによる大量安価生産が可能となった。長い時間と工数をかけて作るパソコン用のソフトウエアが、ビジネスとして成り立ち始めた。それまではどんなに優れたソフトでも、大容量を必要とするソフトでは製造元から顧客まで届ける手段がないに等しく、フロッピーの1MBあたりに収めるための苦労を強いられていた。なぜなら、まだインターネットが普及していなかったので、今日のようなネット経由によるダウンロード販売ができなかったからである。

「CD－ROM」が爆発的に普及したもう1つのきっかけは、1994年発売のソニー製「プレイステーション」であった。このゲーム機は、CDサイズのディスクでゲーム・ソフトを購入しキカイに差し込むという構造だったが、音楽産業用のインフラをそのまま流用してゲームの量産ができたので、ゲームの人気に応じて自在・即座に生産数の調整ができるという、それまでにないゲーム・コンテンツの流通方法が可能になった。つまり、**音楽用CDと「CD－ROM」媒体は製造工程が同一ながら、「音楽ファン」、「パソコン・ユーザー」、「ゲーム・ユーザー」という3つの市場を一手にカバーでき、その用途は急激に拡大した。**

ウインドウズが一般ユーザー市場に登場した1995年以降、パソコン各社は、画面の大きさ、メモリー空間の大きさ、内蔵モデムの有無と速度、HDDの有無と容量の大きさ、などをセールスポイントにして商品の差別化を図った。これに「CD－ROM」ドライブ搭載・内蔵の有無が加わった。本来、ドライブはケーブル接続により後から外づけでも動作可能である。しかしまだUSB仕様が制定されておらず、線数の多いATAPI（アタピー）やSCSI（スカジー）でのケーブル接続とドライバ・ソフトのインストールは素人には困難であったから、PCへの「CD－ROM」ドライブ搭載／内蔵はほぼ必須の流れとなった。

当然、音楽用CD先駆者であるソニーや日立、東芝、松下電器といった家電メーカーは、こぞって「CD－ROM」ドライブの製造にも乗り出した。1995年の生産数4500万台が2000年には1億8800万台に達し、これらの大半はPCに搭載された。

実は、これに先立つ1990年前後においては、筆者を含む各社の光ディスク技術者は「MOディスク」という磁気記録技術ベースの光磁気記録ディスクを重点的に開発していた。なぜなら、ユーザー自身が作成したデータが記録保存できない「CD－ROM」など市場が受け入れるわけはないと思い込んでいたからだ。しかしながら、これはまったくの誤りであった。そして、結局は不発に終わった「MO」ドライブとディスク開発に、大手各社は500人規模の開発部隊を投入していた。つまり、裾野産業まで入れると総勢5000～1万人規模の日本人エンジニアの努力が、5年間くらいにわたり産業的に投入された計算になる。金額でいうと1000万円／人×1万人／年×5年＝5000億円くらいの開発経費に相当する。

結論からいうと、5000億円くらい開発に掛けた高性能な「MOディスク」は市場ではヒットせず、音楽用CD技術の流用で仕上がった「CD－ROM」が市場で大ヒットした。現実には、

PC製造会社が顧客だった「CD－ROM」ドライブの売り上げはすさまじく、1995年の出荷総額4000億円が増え続け、2005年には1兆円を突破した。しかも「CD－ROM」は、「DVD－ROM」、「Blu-ray」と3世代にわたる進化を続けて日本と韓国のエレクトロニクス産業の繁栄を支えた。

4　光ディスク産業のエコシステムと失敗

「CD－ROM」の繁栄の構造は、以下のようなエコ・システム（生態系＝関連企業の共生システム）の成立であった。

その第1段階は、少数の先発PCメーカーが高級機にCD－ROMドライブ（ディスク読み取り装置）を搭載し顧客に差別化・高性能をアピールした。この時代のCD－ROMドライブは10万円程度で取引された。

第2段階は、ドライブメーカー群間で競争が起き、A組（CD－ROM＋DVD－ROMタイプ）と、B組（CD－ROM＋CD－RWタイプ）が競争する買い手市場になった。以下の記述では、読みやすくする目的で「CD－ROM」をCDROM、「DVD－ROM」をDVDROMと略記する。

PCメーカーがPC製品の売れ筋を見ながら、搭載ドライブのタイプを選択的に市場投入した結果、主要ユーザーは大容量で映画も見えるDVDROMをいったん諦めて、まずは書き込みもできるB組（CDROM＋CDRW）に軍配を上げた。これは映画が見られるDVDの勝ちと読んだA組の誤算だった。この時代のCD－ROMドライブは一気に値段が下がり、1万円程度で取引された。

第3段階では、ドライブメーカー群にもPCメーカー群にも躊躇はなく、（CDROM＋CDRW＋DVDROM）のいわゆる「Combo-Drive」が主流になったことで、ドライブメーカーとしては単価下落が回復し、ユーザーとしては利便性があがり、PCメーカーは売り上げが上がって「三方一両得」になった。CD－ROM／DVD－ROMドライブの機能は増えたが毎年値段が下がり、数年後には5千円程度で取引された。

第4段階は、「Combo-Drive」にDVD±RWの書き込み機能が追加され（CDROM＋CDRW＋DVDROM＋DVDRW）、CDもDVDも記録可能になったことでスーパー・コンポと呼ばれた。それにもかかわらず取引価格は上がらずやはり5000円程度で取引された。

第5段階は、これにBlu-rayROMが、第6段階はこれにBlu-ray-RWが追加されて、現在のPC内蔵ドライブの多くは「CDROM＋CDRW＋DVDROM＋DVDRW＋BluROM＋BluRW」という6機能が搭載されており、「スーパーマルチ・ドライブ」と呼ばれている。ちなみに、**これらのドライブではCD部分に780nmの赤外線レーザーダイオード、DVD部分には650nmの赤色レーザーダイオード、そしてBlu-ray部分には415nmの青紫色レーザーダイオードが、たった**

1本の光学系に合成されている。まさに、ノーベル賞にも値する驚異的な設計技術と製造工程によって実現された先端技術が、驚異的な低価格で提供されている。その結果、ＣＤ／ＤＶＤ／Blu-rayの3種類の基本フォーマット、アルミ膜／色素膜／アモルファス膜／の3種類の記録膜、ＤＶＤだけは3種類の記録フォーマット、これだけで27種類の異なるディスクを扱うことになったのに、取引価格が上がることはなかった。悲しいことに、２０１４年現在のパソコン用ドライブの店頭価格は１５００円程度である。

光ディスクドライブ技術と市場のこのような進展は、ＰＣ製造メーカーや販売会社にとっては大変好都合なことであった。四半期ごとに光ドライブの機能、すなわちパソコンの機能が1個ずつ追加されていき、セールスポイントが自動的に用意されていたようなものだった。それらに加えて読み取り専用のＲＯＭドライブでも、２Ｘ、４Ｘ、８Ｘ、16Ｘ、はては52Ｘという高速読み取りドライブまでが次々に現れ、ＰＣメーカーはセールスポイントに事欠かない１９９５年からの10年間であった。

ＰＣの普及拡大に一役買った光ディスク技術だったが、先に述べた光磁気ディスクの失敗の外にも、同技術はイノベーションの創出という観点からいくつかの失敗があった。最大の失敗は、国内電機業界が「ベータ～ＶＨＳ戦争」の二の舞を演じたことだったろう。このエレキ市場における第二の戦争は、松下・東芝・日立のオーディオ・ビデオ関連事業部群が、ソニー・フィリップス特許群に牛耳られたＣＤビジネスの雪辱戦を目指して立ち上がったことに始まる。当然、そうはさせじと結束したソニー・フィリップス陣営が応戦した。

結果として漁夫の利を得たのはハリウッドという結末に終わり、日本の電機メーカー群は開発者利益を得る間もなく双方が技術の安売り合戦に突入してしまった。ハリウッドが要求したコピー防止機能のすべては、日本のハードメーカーの開発コストと実装コスト負担とで実現したにもかかわらず、である。あの無駄な戦いを避けることができたかと問われれば、当事者の一員としての回答になるが「回避は困難だった」と言わざるを得ない。

第一の失敗は、事業会社グループ同士のフォーマット市場争奪戦が、一般的には「フォーマットの優劣」という異次元の技術論に写像されたため、技術論に名を借りた自陣営の優位主張と相手陣営の弱点攻撃という形に終始したことだ。その結果、市場原理が働きにくい技術論戦が続いてしまった。「どちらが儲かるか」に論点が絞られれば、市場原理が働いて市場の受け入れやすい結論が早めに出たであろう。さらに、独占禁止法の制限もあって利益や発売時期などについては発売前に議論することが（談合の疑念を招くので）禁じられていたことも、結果的に災いした。

第二の失敗は、第一の失敗の結果、終戦処理のための妥協の産物として、また市場原理が働いた結果として、CD－DVD－Blu-rayという外径サイズ120㎜のみが共通で、それ以外の諸定数はまったく独立に制定されたフォーマットがそのまま3本とも生き残り、現在までに技術の差分に起因する市場的混乱が尾を引いていることである。

混乱の一例を示すと、パソコンにディスクを入れると暫くの間、ドライブはゴトゴト音を立てて動作しているのにPC画面では無応答になることがある。この間、ドライブシステムは何をしているかというと、CD／DVD／Blu-rayディスク・ファミリーの判別で3種類、アルミROM／色素追記／書き換え／の判別で3種類、記録済み／未記録で2種類、ビデオデータ／PCデータの判定で2種類、合計3×3×2×2＝36種類（実機ではさらに多種類）のディスクを見分ける作業を行っている。しかる後、必要な再生／記録動作に取り掛かるために時間を要する。

この挿入されたディスクの種類判別機能は、本来ならディスクの上に判別が容易になるようなマークを形成するフォーマットにしておけば、もっと迅速に判別ができるはずだった。さらに、記録用DVDには数種類のフォーマットが存在し、一般ユーザーは自分のパソコンやレコーダーに一体どのディスクを買えば記録ができるのかが、ほとんどわからないことになってしまった。

しかし、これらの混乱にもかかわらず120㎜のディスク群が広範に流通するようになった。それだけの魅力があったのだろう。背景には、テレビ放送デジタル化の追い風が吹き、アナログVHSテープからデジタル・ディスクへの置き換えが加速された要因もある。おかげでPC業界とそのユーザー達は、大いにその機能を活用し利益を享受した。

1995年の「ウインドウズ95」発売当初は、インターネットが利用できる家庭やオフィスは少なかったから、100MB級のOSやソフトの流通にはCDの利用が必須だった。デジカメで撮った写真を友人に贈るには安価なCD－Rはもってこいだったし、DVD±Rになって動画の運搬も楽になった。国内郵便なら非定型封筒に入れれば2時間ビデオが120円で送れる（2014年

5月現在)。それまではVHSテープで送っていたから400円以上がかかった。テープに比べて厚さ1・2㎜の薄板の利便性は、カセット・ビデオに比べ物にならないほど優れている。

第三の失敗は、光ディスク事業は「儲からない事業」の典型に陥ったことだ。**日本産業界が世界のエレクトロニクス産業の「構造やルールの転換」に追いつけなかったことが最大の敗因だ。**(2)

これらの教訓から、これから起きるはずの日本発イノベーションを実行に移すときには、あらかじめ十分な利益構造戦略を練ってから市場に打って出る賢さが必要だと言えよう。

5　まとめ：「良いものを安く」だけでは成功しない

「光ディスク」ビジネスは、半導体レーザーの技術的成功によるところが大であり、その意味では先行した半導体産業の発展に相乗りして成功した。また、市場的には、CD登場以前に音楽レコード業界という市場構造が存在していたこともビジネスの開始を容易にした。30㎝のアナログ・レコードを12㎝のデジタル・ディスクに置き換える素地は元々あったといえよう。

さらにアナログ・テープ技術のウォークマンが1979年に世に受け入れられ、ポータブル・ミュージックという市場もできた。そこにデジタル技術のCDが適合したに過ぎないともいえる。すなわち、CDもまた市場のニーズに同期して大成功した。他方、単品で1兆円規模の売り上げを毎年あげながらも、十分な利益を回収できなかった。**今後のイノベーションにあたって、良いもの**

を先んじて世に出すという古典的な戦略だけではもはや成功できないという教訓を、私たち日本人に教えてくれた。

注

（1）その経緯や要因については、経済産業省標準化経済性研究会編『国際競争とグローバル・スタンダード』（2006、日本規格協会）に詳しい。

（2）同上書や、小川紘一『オープン＆クローズ戦略』（2014、翔泳社）に詳しい。

6章 ウインドウズとインターネット

「CD／DVD」の項で述べた「熱い戦い」に日本の技術者が血道を上げていた10年間に、シリコンバレーでは何が起きていたのだろうか。年表順に記憶をたどる。

ネット技術の大発展史

１９９５年　ウインドウズ95の発売
１９９８年　ＡＤＳＬのＡＮＳＩ標準化（日本の同サービス開始は２０００年）、
１９９８年　Wi-FiのＩＥＥＥ標準化（１９９９：Apple社、Air Mac発売）
１９９８年　Cisco Systems社の時価総額ＵＳ$１０００億（=約10兆円）
１９９８年　Google設立（A.ベクトルシャイムの支援@SUNmicro）
２００３年　iTunes Music Store発表
２００３年　Cisco Systems社がWi-LANのリンクシスを買収

このように、シリコンバレーでは、パソコン自身の高利便化と、パソコンが期待するネット環境の高速化と、音楽を中心とするコンテンツ配信サービスの開発・拡充が同時・急速に進行した。以下ではその足跡をたどる。

1 ウインドウズ95の驚き

1995年に「ウインドウズ95」が発売された。スマホ世代の読者には想像もつかないだろうが、それまでのパソコンはテキストベースの「コマンドライン」というものをキーボードから数文字打ち込むことにより、ファイルのコピーや削除や、編集を行っていた。ウインドウズ95の発売は、「FAX がメールになった」ほどの革新性によって世界中のパソコン・ユーザーを狂喜させた。

それまでにも、ウインドウズのようにマウスの指示で操作する環境は存在した。プロ用のUNIXというOSでは、Xwindow やX11といった今のウインドウズライクな補助的アプリケーション・ソフトが存在して、それなりに使われていた。もちろん、はるか以前から Apple 社の「マッキントッシュ」は白いデスクトップにキーボードと1ボタン・マウスによる操作が可能であったが少数派だった。

この市場が狂喜した「ウインドウズ95」こそ、パソコン用オペレーティングシステムというソフトウエア技術が、パソコンによるイノベーションを完成し、パソコンの次世代ともいうべき今のスマホ時代に通じる扉を開いたのであった。

2　ADSLの商業化

ADSLが米国ANSIで標準化された1998年、日本では1988年に始まったISDN(64kb/s)の全国展開がほぼ完了し、NTTは強力に拡販を始めたところだった。米国や韓国ではADSLという既設電話線を利用した1Mb/sクラスの高速サービスが提供されているらしいという状況を背景として、ADSLに商機を見いだす日本のプロバイダが多かった。この頃の米国は、「ウインドウズ95」が普及したあと「ウインドウズ98SE」が出始めた頃で、インターネット需要が飛躍的に高まっていた。だから、それまでの数kb/sのアナログ音声帯域モデムに飽き足らないユーザーがこぞってADSLに切り替え始めたのだ。

ただし、**ADSLは、電話局からの距離が2㎞程度を超えた場合や、電線の種類によっては格段にスピードが落ちるので、ときには局線の距離が10㎞に及ぶことがある米国では、ADSLのモデム装置に自動等価器を搭載するなどの高性能化が進んだ。**この結果、近距離に限ればメタリック線路の2MHz帯域を利用して下り53Mb/s程度、上り24Mb/s程度が実現され、それまで音声帯域の数kb/s程度で我慢していたユーザーは1000倍以上の高速性を大歓迎した。

日本ではこの頃から、光ファイバ接続とADSL接続を総称して「ブロードバンド」と呼ばれるようになった。2001年になって、Yahoo! BBが街角でADSLモデムを配っていた時代を記憶している読者も多いだろう。

3　Wi-Fiの商業化

ADSLと光ファイバの普及により、オフィスや家庭のインターネット環境は大幅に改善され、ホームページの閲覧にじりじりすることはなくなった。しかし、パソコンの台数やユーザーが増えるにつれて、茶の間やオフィスの床を這い回るLANケーブルの「スパゲッティ化」に手を焼くユーザーが増えて来た。これを解決するべく「無線LAN」という概念が米国で提案され、さまざまな無線接続が試みられたのち、米国の電気電子通信工学分野の統合学会IEEE（アイトリプルイー：関連学会のホールディング会社）がIEEE802・11規格を制定した。業界によるとりまとめは2002年の「Wi-Fi Alliance」となり、現在の「Wi-Fi」製品群の普及を後押しすることになった。

Wi-Fiのユーザーや事業者から見た最大の利点は、LTEやWiMAXのように加入者契約手続きをしなくても、実質の接続料金がタダということに尽きる。日本ではWi-Fi特約を有料にしている通信業者もあるが、世界的には少数派だ。そして、このWi-Fiは、後で述べるようにAppleの「iPhone」導入戦略にも大きな影響を与えた。「iPod」や「iTouch」は、後に発売のiPhoneと当初から異なり、無線通信機能が無くパソコンのUSB端子に接続して音楽などをダウンロードするシステムであった。

しかしながら、USB端子経由でパソコン接続ができることは、Wi-Fi経由でのパソコン接続も容易であることを意味する。そこで、iPodやiTouchは、当初からWi-Fi経由のPCやアクセスポイントなどでインターネットにつながる機能があったということになる。つまり、実質的には常時インターネットにつながって動作することを前提に設計されたデバイスであった。

その結果、Appleの初めての携帯電話機であるiPhoneの市場導入に際しては、ATTなどのキャリア会社に対してAppleは、「Wi-Fi経由で十分商売できているのだからイヤなら乗らなくてもいい」、という強い立場が使えた。Appleはこれを利用して、iPhoneを毎月料金2000円余りに相当する499ドル～599ドルの2年契約の低価格で売り出し、ATTは購入後2年間（おそらくそれ以上の期間）通信料金売上の一部をAppleに上納する仕組みを活用していると言われる。まことに見事な取引で、結果としてAppleは大儲けしたが、ATTも損はしていない。

4　シスコ社の躍進とインターネット

インターネットの発明と普及が「シスコ社」を大会社にしたのか、「シスコ社」がインターネットの普及を推し進めたのか、どちらとも一概にはいえないほどCiscoはインターネットとともに急拡大をつづけ、2012年には売り上げが$B46（5兆円）という巨大企業になった。スタンフォード大のコンピュータ・オペレーターだったレオナルド・ボサックが32歳のとき立ち上げたルーター会社がCiscoであり、創業30年で一瞬とはいえ時価総額世界一になったこともある。どうしてそんな急躍進ができたのだろうか。

インターネットとルーターの話をするときには、人物Aから人物Bに電線をつなぐ旧来の電話線と、インターネットで用いられる「ハナシのつなぎ方」に大きな飛躍があることを理解する必要がある。しかしながら、インターネットがどのように情報を運んでいるかに興味の湧かない読者は、以下の項を読み飛ばしても差し支えない。

図表6-1　電話局と各家庭

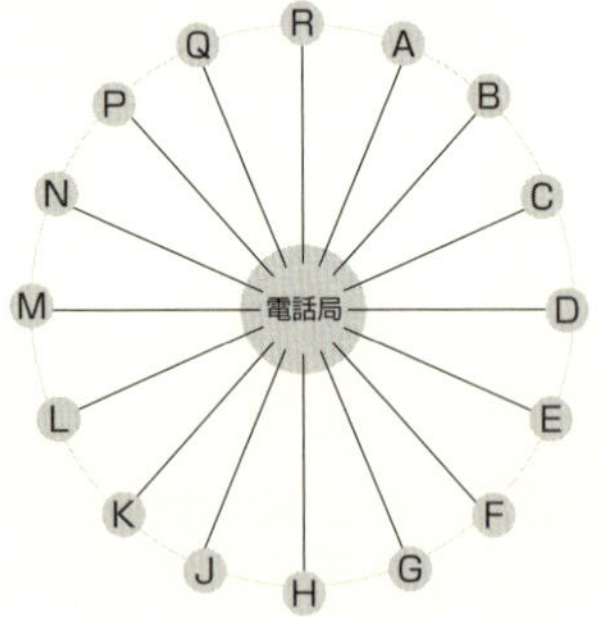

今、図表6－1のように中心に電話局があり、取り囲むA～Rの16軒が電話網に加入しているとしよう。仮にAさんとMさんが話をしたいときには、電話局の中にある交換機はAさん宅から来ている金属電線AとMさん宅から来た金属電線Mとを物理的に接触させ、話ができるようになる。

この電線数をなんとか減らしたいときに、図表6－2に示すEthernet（イーサーネット）形式の接続法がある。ABC町内では2本一対の電線にすべての電話機が常時接続されており、AさんとMさんはいつでも電話で話ができる「はず」になっている。このままではパーティーのように大勢の声がガヤガヤ聞こえて話にならない。そこで以下の規則を設ける。

①受話器を上げたとき、誰の声も聞こえなかったら電話を使い始めてよい

②受話器を上げたとき、誰か他人の声が聞こえたら、終わるまで黙って待ておけ

③「Mさーん」の呼び声が聞こえたら「Mさん」だけが応答してよく、その他のヒトは受話器をおけ

④「Mさん」の応答が聞こえたら、Aさんは会話を始めてよい

⑤規則②で先行利用者の通話が済んだ瞬間に、次に通話したい者は各自がサイコロを振り、出た目の数×秒後に誰の声も聞こえなかった者だけが「呼び出し」を開始してよい

特に最後の⑤を導入することにより、誰かの通話終了後に待ち人が一斉に呼び出しを開始して混乱がつづく事態は回避できる。この方式をCSMA／CD（Career Sense Multiple Access with Collision Detection）と呼び、現在も広く使われている。実際のLANでは、待ち時間の不都合は感じない。

シスコ社の出番はここから始まる。この方式では「ルーター」と図に表記した一種の「中継機」が必要になる。このシスコ社製だった「中継機」の機能は通訳ではなく、主として「荷札の付け替え」に相当する。通信内容を含んだパケット自身は世界共通の2進数だから変換の必要はほとんどないが、荷札は歴史的にいろいろなサイズやカタチが存在したので、これを付け替えないと各町内を跨

図表 6-2　インターネットとユーザー

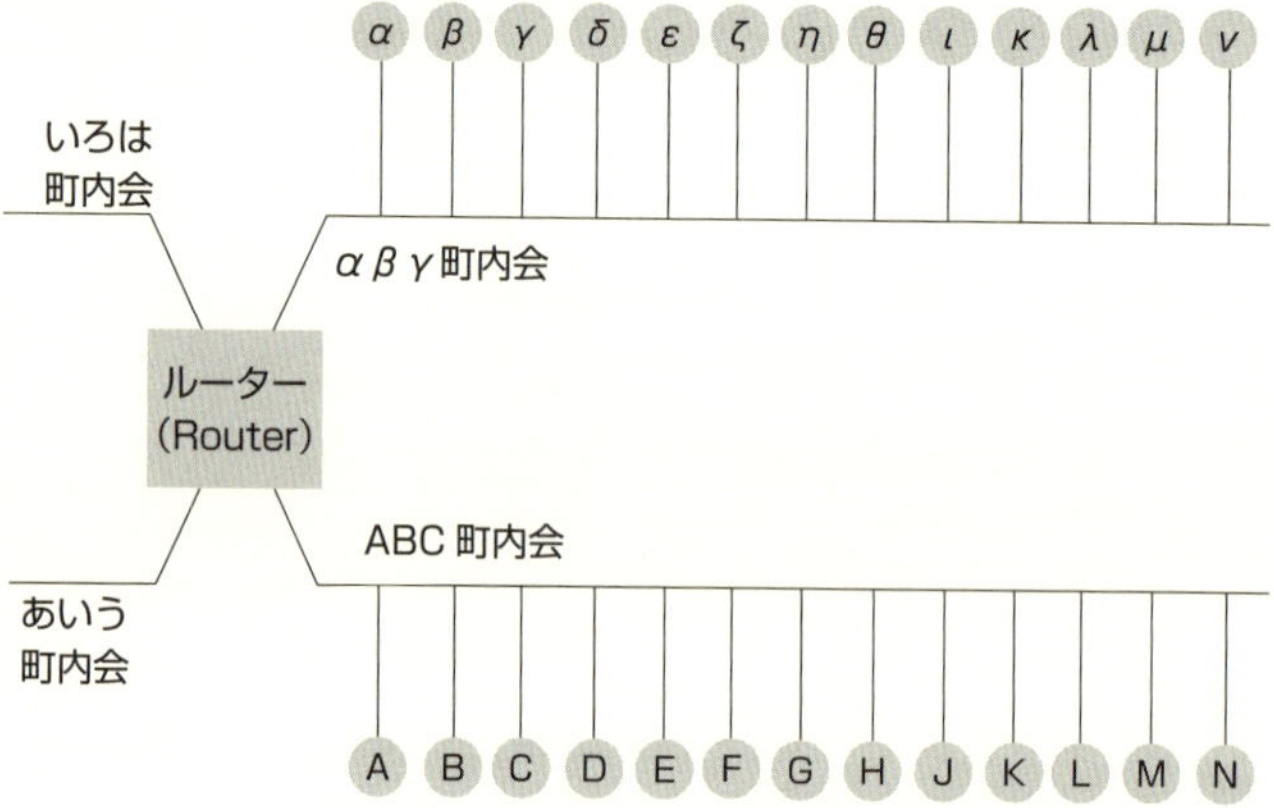

いでスムーズに通信パケットを配達できない。

このたとえ話は、まだインターネット通信の本質をすべて物語っているわけではないが、このようにインターネット通信にとってきわめて重要な役割を担う「ルーター」というものの必要性はわかってもらえるであろう。しかし、まだ商品としては存在しなかった時代の1986年にシスコ社の創業者L・ボザックはこれを量産して、スタンフォード大学の広大な敷地に散在していた5000台のコンピュータ群を接続して見せたのだった。創業間もないシスコ社というベンチャー会社が短期間に5000台をつないで見せたのは驚異的だった。それはこのインターネット全体に特徴的な軽微な衝突を許容し、失敗したらやり直す通信方式（CSMA／CD）のおかげであった。

5　まとめ：創造から完成まで30年

１９９５年のウインドウズ95に始まったパーソナル・コンピュータの大衆化（商業化）では、たゆまざる半導体技術の高度化に支えられて、ＡＤＳＬの商用化、Wi-Fi の商用化、シスコ社によるインターネット用ルーターの飛躍的高性能化がそれぞれ進み、インターネットという仮想社会の入り口としてＰＣが社会に家庭に溶け込んでいった。

しかし、このインターネットを支えるＣＳＭＡ／ＣＤをベースとするＴＣＰ／ＩＰ技術の根幹は、ウインドウズから20年以上さかのぼる１９７２年にＤＡＲＰＡ（Defense Advanced Research Projects Agency）によって開発された。それは、米国アリゾナ砂漠の地下に設けられたミサイル防空用通信センターに実装された核戦争下でも生き残る戦時のための通信技術であった。当時ソニーの社長だった大賀典夫の述懐によれば、彼はこの施設の見学会にすでに参加していた。しかし、それが20年後のソニービジネスのカギになるはずだったことに気付かなかったことを、後年、悔やんでいた。だから、「インターネット技術の基礎」がDARPAで発明された１９７２年から数えると、Cisco 社の時価総額10兆円（１９９８年）までに26年、iTunes Music Store の２００３年まで31年かかったことになる。

7章 なぜ、ウォークマンのソニーがiPodを作れなかったのか？

1979年にウォークマンを発明したソニーが、なぜ2001年発売のiPodを作れなかったかという疑問がときどき取り沙汰される。さらにまた、世界を驚かすエレクトロニクス製品の代表ブランドであるソニーの不振が新聞紙上をにぎわしている。ひるがえって、躍進著しい韓国家電メーカーや劇的に復活した米国アップル社のめざましい躍進とソニーの不振がもたらす対称性に、日本人のみならず世界のソニーファンと株主が悲しんでいるだろう。

そこで、その処方箋を書くことを目的としてソニー不調の原因を考え、なぜソニーがiPodを作れなかったか、ないし市場に誰よりも先に投入できなかったのかについて考える。そこから、イノベーションの本質に迫ってみたい。なお、「ウォークマン」の発明・発売の経緯は各種のソニー本に詳しい(1)から、ウォークマンの基幹技術であった磁気記録技術の歴史をたどることによって「ウォークマン」成功のカギを明かす。

1 「ウォークマン」におけるイノベーションとは何だったか

日本人が起こして世界的に大成功したイノベーションは何かと問われたとき、多くの日本人はそれぞれに思い当たる出来事をあげるだろう。古くは、野口英世の黄熱病の克服、御木本幸吉の養殖真珠、八木・宇田の八木アンテナ等などが思い浮かぶ。そして、近年業績不振といえども、ソニーの「ウォークマン」の名をあげたとき、これが世界にイノベーションを巻き起こした事実に異を唱える者はいないだろう。

ウォークマンは井深の個人的な要求に端を発した。1979年の二月の終わりに、外国視察で長いこと飛行機に乗ることになるが、その間ステレオ・レコードが聞ける携帯用の高音質のプレーヤーが欲しいと井深は言った。当時ソニーのオーディオを担当していた大賀は、テープレコーダー部門の総括責任者だった大曾根幸三にその要求を伝え、井深が三月には米国へ発つ予定であることを知らせた。大曾根と技術者チームは、もともとジャーナリスト向けにソニーが設計した小さなモノラルのテープレコーダー「プレスマン」を、たった四日間で改造した。録音部分とスピーカーの代わりにステレオアンプとステレオ回路を組み込んだのだ。改造プレーヤーにヘッドフォンをつなげると、高音質のステレオサウンドが生まれみんなを驚かせた。

プレーヤーは大賀の裁可を仰ぐために、背中のけがで入院していた病院に持ってこられた。大賀は、病院のベッドからＣＢＳソニーに電話をかけ、えり抜きのクラシックテープをみつくろって、出発前の

図表7-1　iPod外形サイズの原型になったといわれる
「ウォークマン」用カセットテープ

井深に贈ったことを覚えている。井深はその音を堪能した。(2)

この音楽再生専用テーププレーヤーは、盛田によって「ウォークマン」と名付けられ、若者をターゲットに発売されて世界中の人々に利用され愛された。また、現代のヒット商品iPhoneの原型iPodの外形は、20年前のウォークマンに使われたカセットテープと同寸である。世界の人々の暮らしを変えたといわれる「ウォークマン」のイノベーションはいかにして起きたかを、説明する。

物理的な音声記録におけるイノベーションはエジソンによってなされ、日本では輸入当時「蓄音器」と呼ばれた。その機械は、当初はロウソクと同類素材の「蝋管」に針で音波を記録したものであった。その後1877年に音の再生もできる「蓄音器」を商品化し、エジソンは商業化にも成功した。しかしながら、現代の録音・再生というイノベーションには至っていない。

現代の録音・再生イノベーションにつながる最初のイノベーションは、1898年にデンマーク人ヴォルデマール・ポールセンが製作した針金式磁気録音機が最初であり、パリ万博で公開された。次に、1928年にドイツ人フリッツ・フロイマーが磁気テープレコーダーを開発した。

さらに1938年、東北大学の永井健三らが「交流バイアス発明」を特許化した。この技術は、音質が飛躍的に良くなる画期的な磁気記録技術だったので、安立電気（現アンリツ）が保有していた権利をソニーがNECと共同で買い取った。そして、同技術は1950年に国産商用テープレコーダー・ソニーG型に応用され発売されたことにより、テープレコーダーは完成した。「G型」は、ソニーの前身「東京通信工業(株)」の経営基盤を完成させたので、一応、商業化にたどり着いた。だが、録音イノベーションの完成には至らなかった。

さらに30年を経て、エジソンの「蝋管」から約100年後の1979年、前記のエピソードにみられる「ウォークマン」をソニーは世に送り出し、若者を熱狂させた。そこに活用されていた主要な技術とは、以下のものである。

①磁気記録媒体：引っ張り強度の高いポリエステル(3)と高性能磁気粉末
②磁気記録ヘッド：再生ギャップが1μ程度の高性能磁気ヘッド
③駆動モーター：身に着けてマンボを踊っても速度変動しないアンチ・ローリング機構
④ヘッドフォン：左右の耳に独立音声を届ける3端子ジャック付ステレオ・ヘッドホン
⑤電池：長時間駆動ができる小形大容量乾電池や充電式電池

以上は、当時の国産メカトロニクス技術と素材技術の集大成であった。そして、日本人が生みだした「ウォークマン」は、世界の「ウォークマン」として親しまれ、一商品名であるにもかかわらず英語辞書に載り、ウイーンに記念碑ができるほどの影響力を発揮した。その理由は、世界の大衆の日常にイノベーションを起こしたからに他ならない。作らせたのは創業者・井深大であり、作ったのはオーディオ事業の責任者・大曾根幸三とそのエンジニア達であった。そして、「ウォークマン」の名付け親となり、若者にターゲットを絞って売り込んだのは盛田昭夫だった。盛田には、直感的にこの製品の市場が見えていた。**まさにこの市場性・大衆性が商業化の成否を左右するポイントであり、イノベーションが完成するかどうかの分かれ目であった。**

「ウォークマン」の登場は、命名者である盛田の予想どおり爆発的に世の中に浸透していった。音楽を持ち歩くという文化が生まれ、その文化は国境を越え、瞬く間に世界に普及して商業化に成功した。それは、シュンペーターのいう「新結合（イノベーション）」そのものだった。これらを大ざっぱに金銭で試算してみると、仮に2万円のウォークマンが2億台なら4兆円、録音テープを含めるとおおよそ2倍だから8兆円、ソニー以外を含む市場全体ではさらに2倍で16兆円、音楽コンテンツ産業を含めるとさらに数倍になったと推計される。

2　ウォークマンの世界的ヒット

１９８０年代の航空機のエンタメ設備は貧弱であった。当時の国際線ですでに標準機だった初期のボーイング７４７では、ひじ掛けの中にスピーカーが内蔵されていて、ひじ掛けにつけられた空気穴からビニールチューブで耳穴まで音を運ぶ構造だった。だから音質は悪くプログラムも貧弱だったという背景があったので、井深のいうようなニーズは確かに大きかったに違いない。

そして、１９５０年の「G型テープレコーダー」から足かけ30年間、磨きに磨いた「テープ録音技術の粋を集めたテープレコーダー事業」という背景がソニーにあったからこそ、周りにあった部品たち（技術の粋）を大曾根幸三が寄せ集めて、「ウォークマン」専用の再生ハードウエアができ上がった。

ここから、現代ならば①音源の確保、②録音済テープの供給方法、③楽曲著作権問題の解決、という「エコシステム構築」の難題を解決して初めて市場投入になるはずだったが、当時のソニーにとって幸運なことにこれらは大きな困難にはならなかった。すなわち、以下のような状況にあった。

①音源の確保については、「FM放送」という無料の良質音源が全国に普及しつつあった

②録音済テープの供給については、多くのユーザーはすでに「カセットテープ・デッキ」をもっているか、知り合いに借りることができる程度に普及していた

③著作権については、当時は放送に使用したレコード会社のレーベル名称を放送の終わりに口頭

で追加するだけで、著作権の補償は解決されていた

「ベータ訴訟」というソニー対ユニバーサルが放送録音・録画コンテンツの利用について争う裁判が1976年に始まっていたが、判決はウォークマン発売の5年後であった。一方、レコード各社はウォークマン市場立ち上がりの様子を見て、ただちに録音済みテープの製造販売に乗り出した。したがって、音源・媒体（テープ）・著作権補償という現代の難題は、当時は問題にはならず、ウォークマンの爆発的ヒットを可能にした。

3 ポスト・ウォークマンの苦悩：商業化失敗

これに対して、ウォークマンから19年後の1998年当時にソニーが目指した「ICウォークマン」には、幾多の難題が待ち構えていた。半導体技術や電池の性能は格段に進歩していたから、ハードウエアの設計にはさしたる困難は無かった。強いて挙げるならば、曲名などを表示する小型表示パネルが当時はまだ高価だったことぐらいであった。

当時の第一の難問は、音源の提供方法であった。時代はCDを経てMDになり、家庭録音もデジタルになっていたから、音質確保の観点からは音源をふたたびアナログに戻すわけにはいかない。当然、普及し始めたPCを経由することになるが、当時の日本の電話線はISDNの64kb/s

（=8kByte/s）がすでに主流になっていたから、540MBのCDを1枚ダウンロードするのに67500秒（＝19時間）かかる計算になり実用化できなかった。

当時の第二の難題は、やはり著作権の補償であった。ソニーはレコード会社もグループ内に包含していたからソニーミュージックの音源をネット上のストアに出すのは著作権管理をどうするかと、他社の音源をどうやって顧客に届けるのかが課題となった。お金を出して自分のパソコンにダウンロードした楽曲を、他人のパソコンにコピーすることをどうやって阻止するかが課題なのだが、当然自分の第二パソコンにはコピーしたい。これは頭が痛い課題である。

各社が音源のネット販売を嫌がるのにはわけがあった。ウォークマンの時代はアナログ録音だったから、有料で買ったテープでも複製すると音質が劣化して「商品」として販売することは実質不可能であった。他方、1990年代後半ではCDを始めとして音源はデジタル録音・デジタル複製になっていたから音質の劣化は皆無なので、悪質な海賊業者はアルバム1枚だけを有料で購入し、これをデジタル複製すれば音質劣化のまったくない海賊音源が量産できて大儲けができた。ウォークマンから20年のあいだに半導体・エレクトロニクス技術はデジタル化による長足の進歩を遂げていたのである。この状況でデジタル音源を出すことはレコード会社にとって自殺行為と理解されていた。

当時の第三の難題は、「店舗展開」であった。ネット環境が1998年以降格段に進歩したので、音楽をデジタル・ファイル形式でパソコンにダウンロードして個人的に楽しんだ後、これをネット上に無料または有料でバラマき、一儲けをたくらむ輩は必ずでてくるはずである。これを阻止する手段を備えた「ネット店舗」が当時はなかった。そこで「デジタル著作権管理（DRM：Digital Rights Management）」という概念が生まれ、これを実行するソフトウエアが作成された。ソニーは１９９９年頃、マジックゲートというＤＲＭソフトでダウンロード・ミュージックの著作権を守ろうとしたが、これを使って音楽を買おうとするとユーザーはマウスを10回以上クリックする必要があり、普及には至らなかった。

4　Appleの成功

iPodの発売が２００１年だから、ソニーがこれらの難題を抱えて悩んでいた１９９８年頃、スティーブ・ジョブズは着々と難題解決に向かって行動していた。iPodの発売の遥か以前、マニアといってもよいほどの音楽ファンだった彼は、１９９４年頃からソニー・ウォークマンの後継機たるべきポータブル音楽プレーヤーの構想を温めていた。そのうち、１９９８年に、後にFacebookのＣＥＯとなるショーン・パーカーがNapstarを創業し、ＭＰ３フォーマットで身軽になった音楽ファイルが、著作権を無視した形で全米のＰＣからＰＣへ飛び交い、人々がＭＰ３プレーヤーで音楽を持ち運び楽しむようになった。

しかしながら、著作権を踏みにじられて自社ビジネスが傾きそうになったレコード各社はＲＩ

AA（全米レコード協会）を通じてNapstar社に訴訟攻勢を掛けて、2003年には米国内での操業を停止させた。日本ではやや遅れて2010年にNapstar日本法人のサービスが終了したが、それまでは「違法」といえども実際の取締りは効果を上げなかった。

こうした騒ぎを通じて明らかになったことは、**①全米の大学で通信量の90％を音楽データが占めるほど需要があり、インターネット通信インフラはそれに応えていること、②違法を承知でも音楽データを安価に（またはタダで）入手したい消費者がそこに大勢いること、**などが明らかになってきた。このような市場環境を眺めたジョブズは、Machintosh向けのネット上音楽ストアの構築に着手した。

すなわち、第一の難題、すなわち**音源の手当て**は、1982年に発売されたCD規格が44.1ks/s×16b/s×2（左右）の非圧縮・リニア符号であったものを、約20年後の2000年当時すでに普及していた圧縮率の高いMP3をベースにしたので、1曲あたりの伝送データ量は一気に10分の1以下になった。同時に、音声帯域モデム伝送がADSLで置き換えられたことは、既存の電話線でも速度が10倍になったので、圧縮で10倍×速度で10倍に、すなわち音楽1曲の伝送は100倍速くなったのである。したがってもはやダウンロード時間はネックで無くなった。

むしろ各人がダウンロードした好みの楽曲の中からさえ、大量の曲目リストからどうやって今この場で聞きたい曲を素早く選び出すかが課題となった。この領域では、ジョブズ自身が大の音楽ファンであり大量の楽曲収集家であることが、音楽管理ソフト「iTunes」の使い勝手を飛躍的に高度化するための原動力となった。ソフト・エンジニアはジョブズがしたいように作ればよいからだ。

第二の難題である**著作権の補償**は、「1曲あたり99セントで販売する」という曲目ばら売り方式により解決した。1曲99セントという手ごろな値づけは、非合法のNapstarを利用する必然性を無くしてしまった。もう見かけなくなったが、直径が8㎝のCDシングルが$5～10の時代に、一曲99セントの値づけは破壊的に魅力的だったからだ。もう1つ、それまでのレコード業界では玉石混淆の12曲程度をまとめて「アルバム」と称し、いわゆる抱き合わせ販売方式により1枚当たりにすると高額のCDを売りつけていた。それが1曲ずつのばら売りになったのだから消費者は大喜びで、ネット販売でも売り上げが落ち込む心配は大幅に減った。一方、レコード会社から見ても不法なコピーを蔓延させて逸失利益を嘆くより、ジョブズが提唱する「安いがカネを出して買ってくれる」99セントの価格政策は説得力があったにちがいない。

第三の難題である**店舗展開**も、もともと使い勝手の良いMacintosh内部で走る専用楽曲管理ソフト「iTunes」に、ネット上のストア機能を付加した「iTunes Music Store」が解決した。同ストアの基幹ソフトである「iTunes」については、iPodの構想前にジョブズがある思い入れで始めたことがある。それは「デジタル・ハブ」という構想で、アートとテクノロジーの交差点にいる人向けのアプリケーションを、自社開発で始めた1999年のことであった。そのアプリケーションは、デジタル動画の編集をするファイナルカットプロ、動画や音楽をDVDディスクに焼くiDVD、Photoshop対抗のiPhoto、作曲・ミキシングのガレージバンド、そして楽曲管理のiTunesだ。つまり1か所の中心に、動画も音楽も写真も作曲もすべてつながっている、そんな中心が「デジタル・ハブ」なのだ。当然、その中心は「Mac」である。

ジョブズは、これだけの用意周到な準備の後、「iPod」を発売した。PC経由で99セントで購入させた楽曲は当然「iPod」にコピーできて、持ち歩きながら曲を楽しむことができた。良く知られている円形タッチ・スイッチとサクサク動くソフトはユーザーを虜にした。しかし、持ち出した「iPod」から他のPCへのコピーは不可能にした。これだけで海賊コピーは激減した。これらの構想が結実して「iTunes Music Store」を生んだのだから、使い勝手の良さは抜群だった。ジョブズは、「音楽管理のアプリケーションは他社から出ていたが、いずれも不恰好で複雑だった」と言った。ジョブズはまた、「二流品だらけの市場を発見する」のも得意だった。その意図はAppleが乗り込むことでビジネスとして大成功を収めることにあった。[4]

ジョブズは丹念に業界の関係者を口説き落とし、ビートルズがもっている難題の英国「Apple Music」商標や、EMIがもっていたビートルズの著作権をも利用可能とした上で「iTunes」の配信を拡大していった。

5　まとめ：商業化のカギは必要技術への深い洞察

以上のように、Appleは①Napstarが巻き起こした音楽の無料交換ソフトによるMP3ブーム、

②その後ＲＩＡＡが起こした訴訟攻勢の行方による音楽業界の対抗心、③ソニーなどが進めていたネット店舗展開の不調、など、Appleが予定する自社事業のテスト・マーケティングとでもいうべき他社の振る舞いを注意深く観察して、然るべき対応策を準備していたと思われる。

つまり、**「ウォークマン」のときには、電池で動き必要なコストで量産できる良い音が出るキカイの実現が成功のカギであったのに対し、「iPod」の場合は「キカイ」はもはや課題では無く、ネットからコピーができて持ち歩けて、他のＰＣにはコピーができず、音楽業界が（シブシブであっても）納得する値づけができる（ネット上の）楽曲販売店舗」の実現が成功のカギであった。**いいかえれば、１９７９年当時に必要だったのは**キカイ**であったが、２００１年当時に必要だったのは**ネット上楽曲販売店舗**であった。

注

（１）例えば江波戸哲夫著『小説盛田昭夫学校』プレジデント社、下111頁。
（２）Ｊ・ネイスン著、山崎淳訳（２０００）『ソニー　ドリーム・キッズの伝説』文藝春秋、23頁。
（３）良く知られた同類に「マイラー」（Dupont社の商品名）や飲料容器でおなじみの「ＰＥＴ」（ポリ・エチレン・テレフタラート）などがある。
（４）Ｗ・アイザックソン著、井口耕二訳（２０１１）『Steve Jobs Ⅰ』講談社・Ｗ・アイザックソン著、井口耕二訳（２０１２）『Steve Jobs Ⅱ』講談社、１５３頁。

第三部

結論　イノベーションの方程式
＝知の創造＋知の具現化＋知の商業化

これまで、大成功した「イノベーション」の代表と目される「トランジスタからインターネットまで」の歴史を概観して、「イノベーションとは何ぞや」を例示的に示してきた。これらの例に共通する法則のようなものはあるか、それは何か、が第三部の主題である。もしこれが明らかにできれば、日本でももう少しイノベーションが盛んになるのではないかという思いから、以下の考察を進めた。

8章 イノベーションの方程式

イノベーションには東西古今を問わない普遍的な発展段階が存在する、と筆者らは考えている。そこで、第二部で取り上げたトランジスタ発明時にまでいったん時間を戻し、トランジスタが発明されたプロセスを分解して、そのイノベーションの起動プロセスを考察する。

1 イノベーション起動①：山口モデル「知の創造」と「知の具現化」

「イノベーション」という単語は巷に溢れ、あたかも冠詞のように「イノベーションの何々」というタイトルの書籍が氾濫している。それくらい、現在の日本産業界はイノベーションを渇望している、といっても過言ではないだろう。21世紀に入り、日本が世界のフロントランナーになり、自らイノベーションの芽を探索し、事業を興す側の立場に立ってみると、その大切さとともに、自らが起こすことの困難さを痛感しているからに違いない。

学術的には、イノベーションとはシュンペーターが定義している「新結合」を意味する。ところ

図表 8-1 フェライトのイノベーション

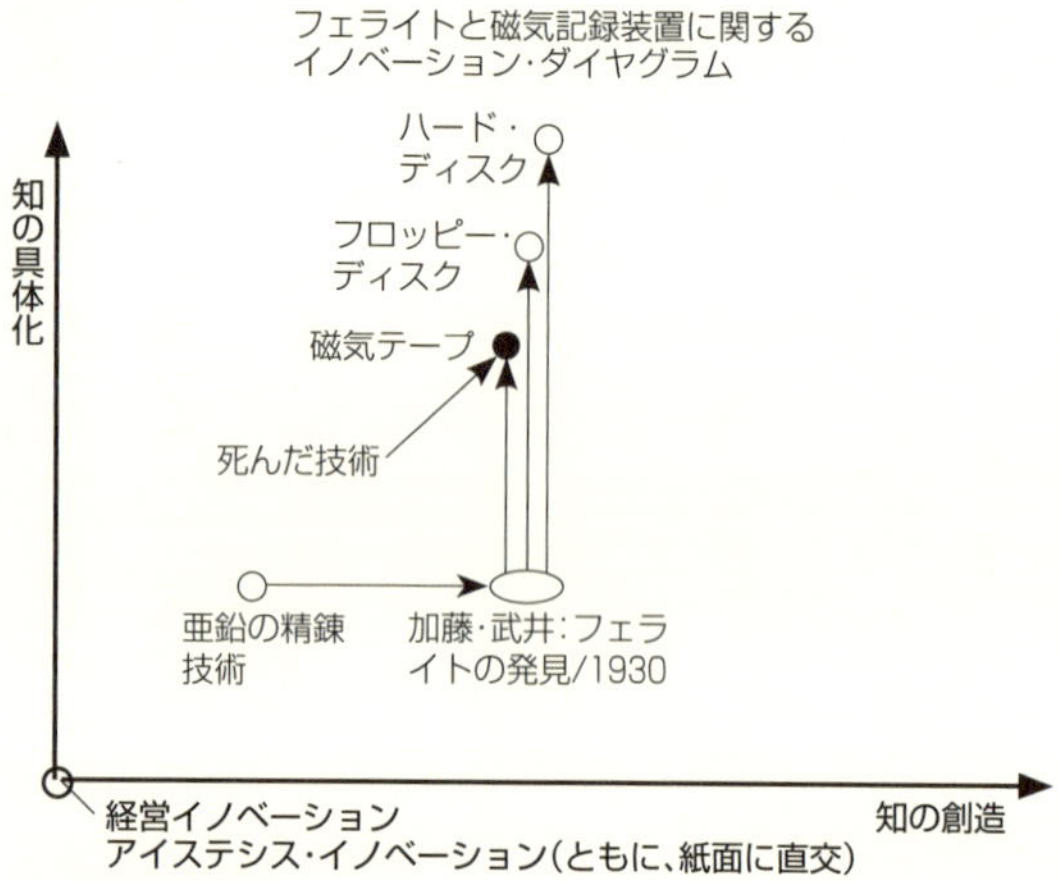

（出典：山口栄一（2006）『イノベーション：破壊と共鳴』NTT 出版 p.101 図表を筆者模写）

が、日本ではイノベーションという単語は、1958年の経済白書に初めて登場した「技術革新」という四文字熟語に相当するということになり、これが定着してしまった。これもイノベーションが声高に語られる割には、それが何を目指す物であるかをわかりにくくしてしまった大きな原因の1つであろう。

このようなわかりにくい状態にある「イノベーション」という概念に対して、筆者らはイノベーションの起動をつかさどる立場の大学人や、研究・開発を日常業務としている人々を対象として、その起動メカニズムを方程式として明らかにしたいと考える。

山口栄一は、著書『イノベーション：破壊と共鳴』(1)で、科学者として電電公社（現

NTT）武蔵野電気通信研究所勤務の時代から現職に至るまでの間に、自ら目撃したいくつかの世界的発明を分析している。その題材とは、携帯電話／スマートフォンに必須な「超高速トランジスタHEMT」や、世間の注目を集めた「青色発光素子」などの研究開発の足跡である。

そして山口は、一連の画期的発明たるイノベーションの起動が当時いかにして起こったかをフェライト（知の創造）と、磁気記録装置（知の具現化）の相互影響を実例に「イノベーション・ダイアグラム」という2次元平面上で説明する。

図表8－1における「フェライト」とは、磁石や高周波トランスの材料に使われる現代エレクトロニクスに欠かせない磁性材料であり、1930年に加藤与五郎（東京工業大学）と武井武（東北大学）が亜鉛の精錬過程で偶然の助けも借りて発見した。2人の発見以前、セラミック（せともの）であるフェライトが磁石になることを誰も知らなかったから、同発見は偶然とはいえ「知の創造」として図表上でX軸上を水平に進む。

一方、フェライトという高性能の磁気材料が実現されたので、戦前からの「知の創造」分野である国産フェライトを「既知」として、日本では具体的な応用装置の発展・高性能化が続いた。ソニーはそのパイオニアであり、テープレコーダーやフロッピーディスク、磁気ディスクという磁気記録装置を次々と開発した。その結果、山口の「イノベーション・ダイアグラム」において、「知の具現化」はY軸を上方向に進んだ。

2 イノベーション起動②：武田・瀬戸モデル

前項で説明した山口モデルでは、Z軸に「経営イノベーション」と「アイステシス・イノベーション」が割り当てられて市場価値に関する概念が存在しない。

山口モデルによって、イノベーションの目的が発見・発明で完了する基礎的な公的研究所、大学（今はこれでは完了しないが）におけるイノベーションは十分説明可能である。だが民間企業は、そうした成果を「商品」つまり試作品や売れない製品ではなく適切な価格と品質によって市場で大成功するという意味で、いち早く市場に投入してそれまでに投じた開発費用を販売利益から数年以内に回収しなければならない。それゆえ、「市場における成功」が産業分野のイノベーション起動には欠かせない。

そこで次に、イノベーションにおける「知の商業化」について考察するため、20世紀最大のイノベーションと言われるトランジスタの軌跡を追う。

(1) トランジスタにおける「知の創造」と「知の具現化」

トランジスタ発明当時のベル研究所における研究大方針として「真空管に置き換わる固体増幅素子を発明せよ」という大命題が、第二次世界大戦直前から掲げられた。

ショックレーは、量子力学を用いてその可能性を予言して「知の創造」を行って、図表8－2の

図表8-2　トランジスタのイノベーション

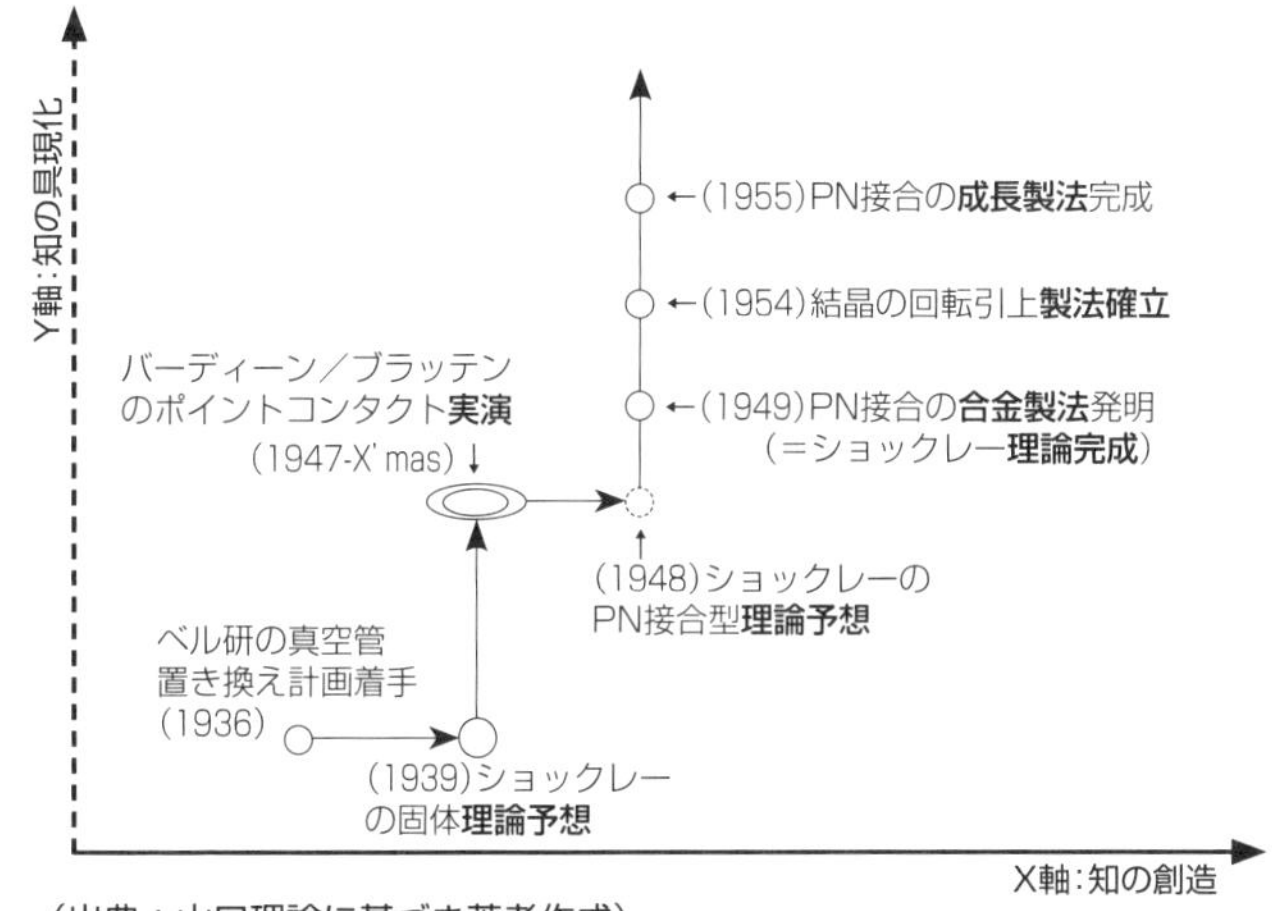

（出典：山口理論に基づき著者作成）

X軸を水平に進めた。数年後に、バーディーンとブラッテンが動作を実証して「知の具現化」を行い、Y軸を上方に進んだ。その後、ショックレーがPN接合を考案したので「知の創造」が再びX軸方向に進んだ。

正確には、ショックレーの１９３０年代の「予想」は不完全であり、後世「FET（電界効果トランジスタ）」と呼ばれることになる「固体中の電界効果」素子を予言したのであって、１９４７年のバーディーンとブラッテンの発明そのものを予言したものではない。しかしながら、真空管を置き換える固体増幅素子の可能性を理論的に考察し示唆していたので、ここではこれを予言と呼ぶ。

最後に、PN接合がトランジスタの動作原理であることがわかると、各方面で合金

型や結晶成長型のトランジスタ試作という「知の具現化」が始まり、再びY軸を上方に進みはじめた。だが、実用的で再現性のよい製造方法は原理すら確立されていなかったので、トランジスタにおける「知の具現化」の完成は、まだ先のことであった。

以上をまとめると、トランジスタはショックレーが「知の創造」をし、バーディーンとブラッテン組がそれを動作実証したことで「知の具現化」第一段が行なわれた。この「知の具現化」が推進力となり、ショックレーは量産可能なPN接合トランジスタを「アタマの中で」考案して「知の創造」が再び進み、その結果、「知の具現化」第二段がさらに急速に進展した。

(2) トランジスタにおける「知の商業化」

その特許使用権を米国から買い受け、製造ノウハウを独自に蓄積してトランジスタ素子の量産と、その効果的な応用製品であるポータブル・ラジオの量産の両方に成功したのが、1955年のソニーであった。

旧来の原理を利用して作った「合金型」トランジスタでは周波数特性が悪く、1MHzを扱うラジオにはとても使えなかった。特許使用権をソニーに売った米国側当事者ですら「せいぜい音声帯域の補聴器にしか使えない」と言うほどの低い評価だった。**しかしソニーは、まずはライセンスどおりの「合金型」で製造経験を積み、その後米国で考案された「結晶成長型」という新しい製造方法に直ちに挑戦する道を選んだ。その結果、トランジスタ素子の周波数特性は飛躍的に改善され、そ**

れまでラジオ受信機のコアテクノロジーだった真空管に代えてトランジスタが実用化された。

トランジスタの製造法については、米国の発明者たちがトランジスタの性能改善のためすぐに「拡散型」へと転換していった。ソニーはこれを直ちにキャッチアップして、自社製ラジオやテレビに組み込まれるトランジスタ素子を「拡散型」に改良し、後には「プレーナー型」に改良してその性能を永久に保証した。**ソニーは、非常に作りにくい「結晶成長型」トランジスタの製造ラインをわずか1年間で量産化するという「知の具現化」を実現した。**

この頃、トランジスタという「知の創造」に沸いていた米国でも、「知の具現化」に邁進する企業があった。テキサス・インスツルメンツ社である。同社は、当時主流だったゲルマニウムに替えて、特性が安定しているシリコンの結晶を製造することに成功し、これを原料とするシリコントランジスタを量産することに成功した。先のリージェンシー社が、同社製のトランジスタを用いて世界初のトランジスタ・ラジオを発売したのは、ソニーの「TR－55」型トランジスタ・ラジオ発売の1年前にあたる1954年クリスマスだった。しかし、トランジスタ生産で採算がとれないテキサス・インスツルメンツ社は、その後リージェンシー社へのトランジスタ供給を止めてしまったので、世界初トランジスタ・ラジオは10万台で販売ストップしてしまった。その結果、リージェンシー社は消滅した。

2番手になったソニーの49・9ドルすなわち当時の為替レート換算で1万7964円の「トランジスタ・ラジオ」とは、イノベーションの歴史上いかなる意味をもつのだろうか。

図表 8-3　「知の商業化」成功後のトランジスタの発展軌跡

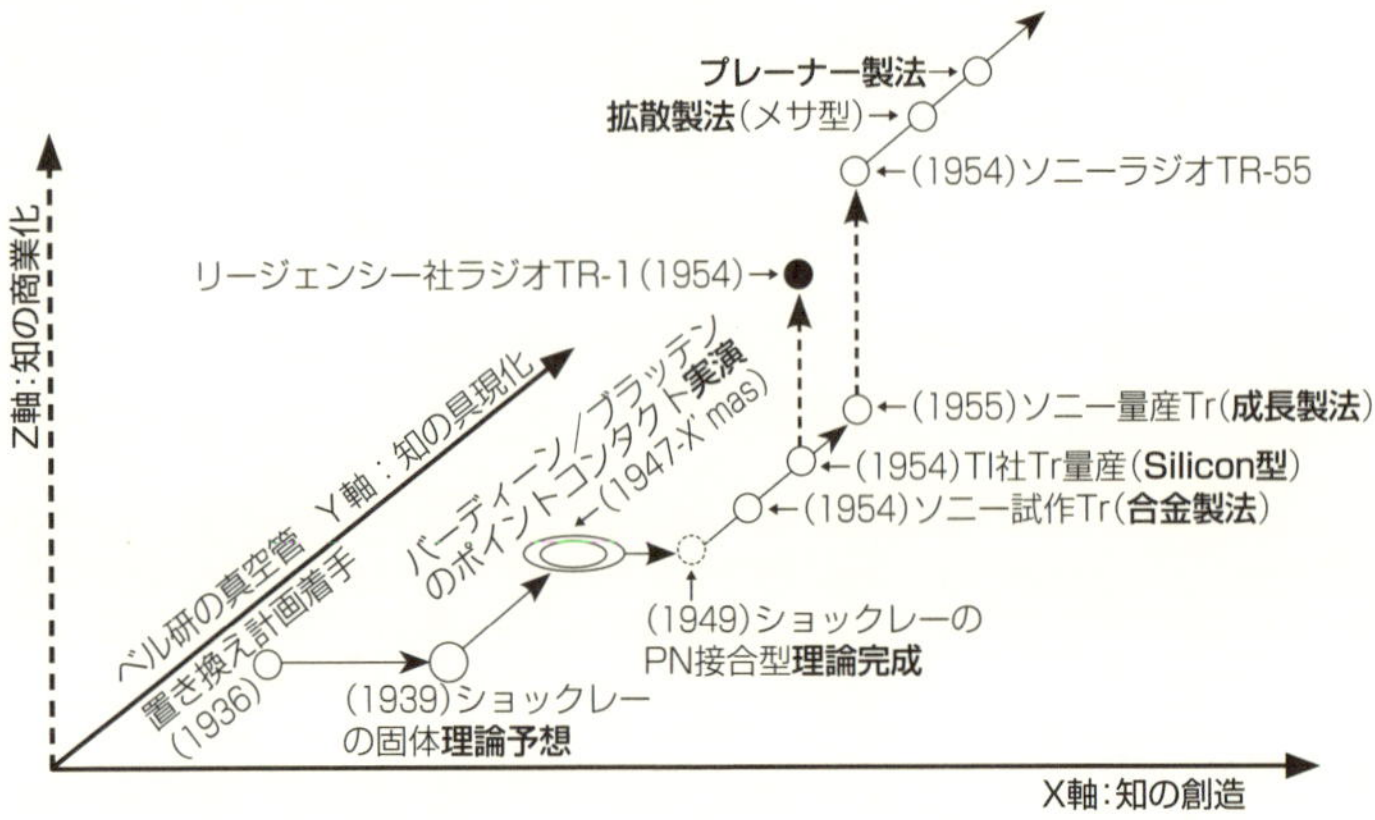

リージェンシー社とソニーの決定的違いは、前者がトランジスタ素子を外部から調達してラジオに組み立て販売したのに対して、後者はトランジスタ素子を自社で内製化そして量産化することに成功し、実用的な価格帯で自社ラジオに組み込んだことにある。ソニーによるトランジスタ素子の内製化は、特許技術を契約によって購入し、動作原理が記述された英文の特許明細書と、工場見学の記憶だけを頼りに日本人エンジニア（のちの岩間社長）が作成した手書きメモを頼りに、ゼロから実現させたものだった。

それは1955年のことで、3人の米国人ノーベル賞受賞は1956年だから、ひょっとしたらソニーのラジオはノーベル賞の受賞を後押ししたのかもしれない。**すなわち、ソニーは発明母国である米国で何に使えるかわからなかった初期のトランジスタの効率的な量産技術を開発して「知の具現化」に**

成功した。次に、それまで主流だった真空管に代えて同社製トランジスタを全面的に採用した「トランジスタ・ラジオ」の市場投入により、トランジスタの「商業化」にも成功した。

イノベーションの市場における成功は、民間市場のカスタマーを対象としている以上、商業化の成否に依存している。筆者らは、本書ではじめてこうした市場におけるイノベーション成功の条件を「知の商業化」と呼ぶこととした。

自社開発したトランジスタをもたず供給を絶たれると市場から退場しなければならなかったリージェンシー社とソニーのその後の歴史を比べ眺めるとき、イノベーションの完成にとって永続的な事業基盤を確立することが、「知の商業化」にとっていかに大切であり、かつ困難であるかが一目瞭然である。**それゆえ、筆者らは、試作品をもとに量産商品としての商業化段階に至る努力と情熱のかたまりを「知の商業化」と命名し、山口が提示した「イノベーション・ダイアグラム」における第3軸、すなわちZ軸を新たに組み込んだモデルIIを提唱する。**

(3)「知の商業化」の重要性

ソニーは、当時まだ誰も成功していなかった「結晶成長型」トランジスタの量産に世界に先駆けて成功し、「ラジオ」という最終商品で市場に挑戦して大ヒットを可能にした。

このように、イノベーションが「知の創造」と「知の具現化」という2つの要素によりその前半が構成され、「知の商業化」という後半部を経て、それは完成に至った。図表8－4は、当時大学

図表 8-4　知の創造・具現化・商業化の概念図

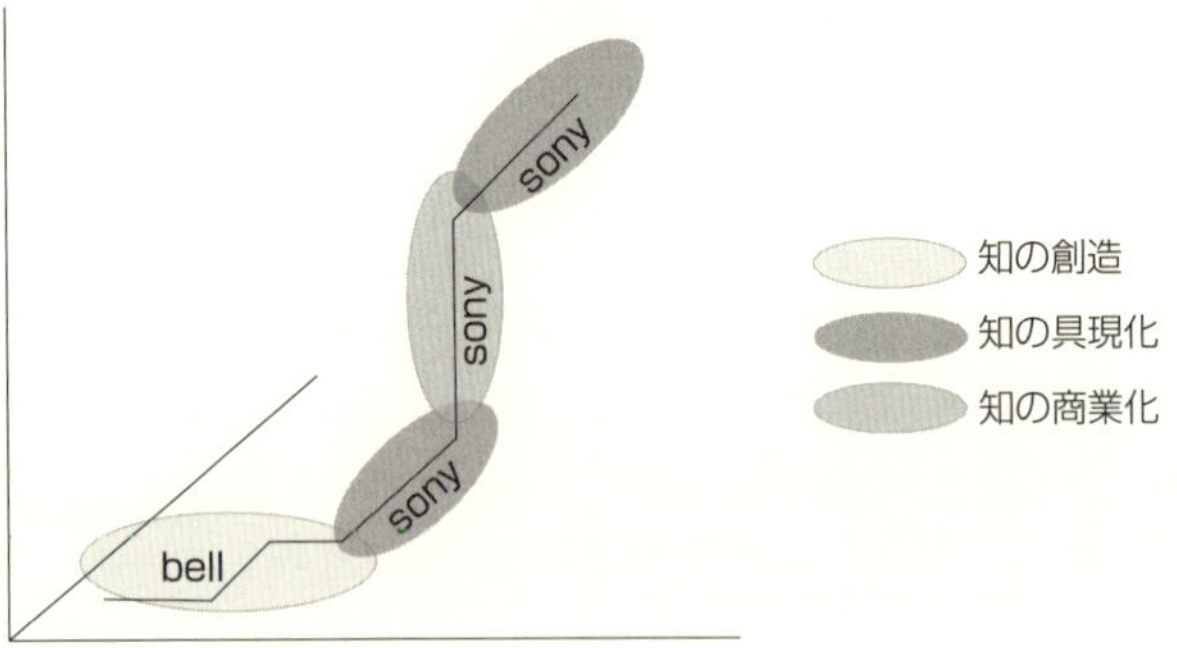

（出典：鈴木順平氏作成）

院生であった鈴木順平氏が筆者らの講義を受講して作成した概念図である。

以上の「知の創造」と「知の具現化」、そして「知の商業化」は、結果としてそれぞれ別人によって実行されてきた。もし、これらが人為的に結び合わされなければ、「トランジスタ」というイノベーションはこれほど早期に完成しなかったであろう。**それゆえ、こうした結果を改めて振り返ると、イノベーションが完成するためには、1つの方程式が浮かび上がってくる。すなわち、**

イノベーションの方程式＝知の創造＋知の具現化＋知の商業化

であり、その実現に必要とされる資金・人材などの資源投入量は、知の創造のための投入を1とすれば、知の具現化に10倍、知の商業化に至っては100倍と想定される。これは井深大が「1－10－100の法則」と語ったものであり、たとえば、大学研究室などで1000万円の研究費を使ってある発明が生まれたすると、それを使った試作品をベンチャー企業が開発するには1億円を要し、さらにそれを市場に適切な販売価格で投入し「社会経済的」に成功させるためには10億円が必要であることを意味する。

ひるがえって、蒸気機関もJ・ワットの発明ということになっているが、正確にいうと、先駆的発明者であるニューコメンが「知の創造」を担い、ワットが「知の具現化」をしたと整理する方が、イノベーションの実例としてわかりやすい。また、蒸気機関における「知の商業化」に初期にはワット自身も参加したのであるが、その一番の担い手たちは、蒸気機関を動力源とする繊維工業や蒸気船による海運業、蒸気機関車による鉄道事業を起こした企業家達だったといえるだろう。

(4)レーザー光のイノベーション

以上の観点から、トランジスタ以降の新技術を眺めると、CD／DVD／Blu-rayに使われているレーザーや、携帯電話に例外なく搭載されているカメラ用イメージ・センサーなども、イノベーションの方程式に適合することがわかる。

20世紀のもう1つの大発明「レーザー光」の発明では、ベル研にいたチャールズ・タウンズが1954年にマイクロ波発振（メーザー）を行い、これを東北大学の渡辺寧・西澤潤一らが光発振（レーザー）に応用して1957年に日本特許を取得した。ここまでが「知の創造」である。このあと1962年にGE、IBM、MITが共同で半導体レーザーを技術的に比較的容易な極低温で

図表 8-5 「知の商業化」に成功後の光レーザーの発展軌跡

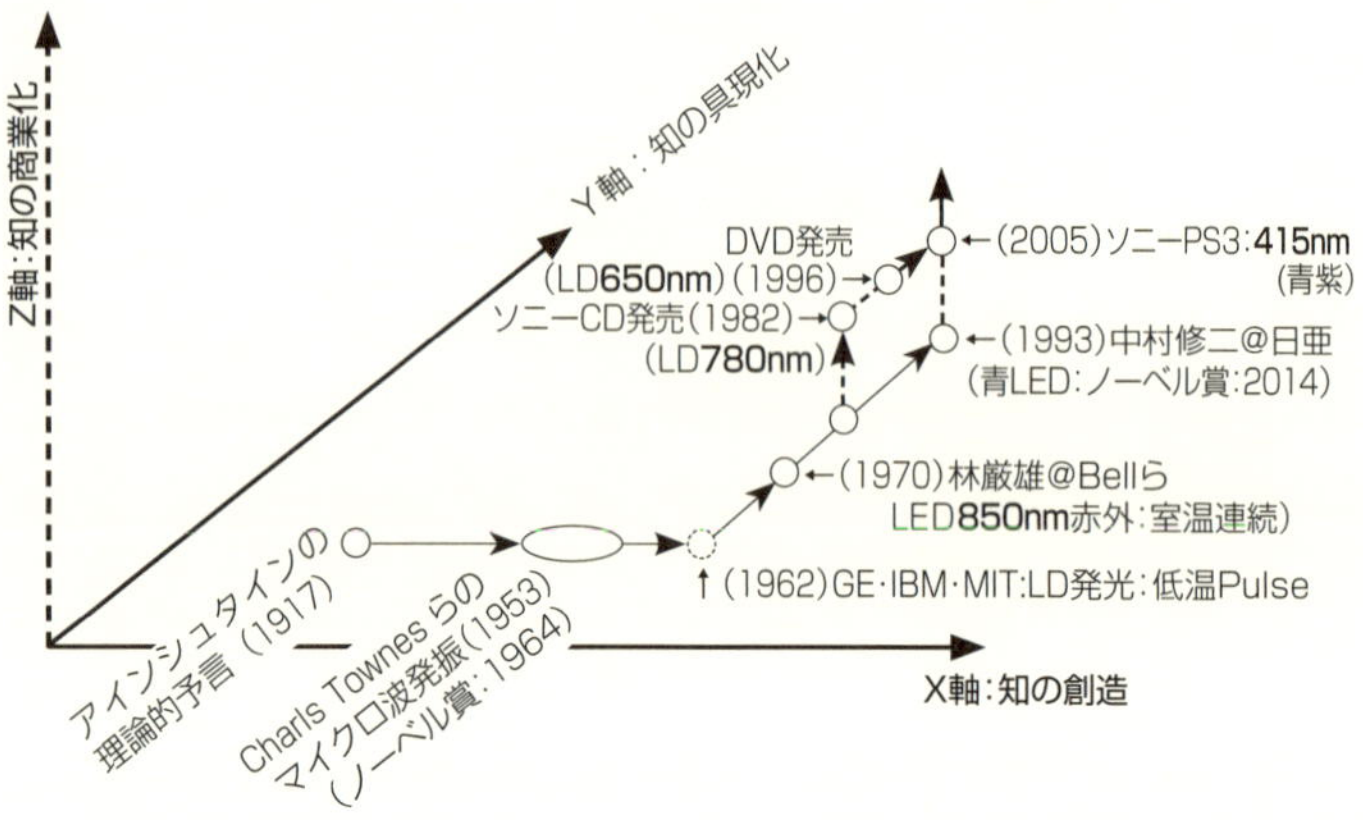

実証試験を行い、技術的に高度な常温実証を経て「知の具現化」が完成した。最後に、1982年にソニーがCDプレーヤーに読み取り装置として「半導体レーザー」を搭載して量産発売し、「知の商業化」に至った。

一方、銀塩写真感光膜（写真フィルム）を置き換えた半導体イメージ・センサーは、1969年ベル研の Willard Boyle と George Smith がコンピュータ用半導体記憶素子としてのCCDを発明して「知の創造」を行った。次に、1981年にソニーの越智成之がこれをカメラ用センサーに応用することに成功して「知の具現化」を行った。さらに、ソニーやキヤノンがデジタルカメラ市場を確立して「知の商業化」が完成した。

(5)「知の方程式」まとめ

イノベーションという抽象的で日本人には意味するところを想像しにくい単語が、

イノベーションの方程式＝知の創造＋知の具現化＋知の商業化

という独立軸に分解されて判然とすることにより、**イノベーションを起こそうと努力している人に、自分は今イノベーションのどの部分をどの方向に推進しているのかを自覚させることができる。同時に、進路を見失っている人々に最適な開発努力の方向性を気づかせて成功確率を大いに高めることに寄与する。**

ここで、あらためて商業化が技術的発展を支える意義について考える。トランジスタの構造は、合金型→成長型→拡散型→プレーナー型→と進化したが、そのプロセス上では1段階の技術発展ごとに「知の商業化」が存在する。すなわち、リージェンシーとソニーによるラジオ商品化と市場投入である。だから、ソニーのラジオはトランジスタの製造方法が刻々と進化していく途上で商品化された。

こうなると、商品市場の盛り上がりを眺めた技術者たちは、「それならトランジスタの新しい製造方法を開発すれば自分たちも称賛される」と考えて一層のトランジスタ製造方法の開発に情熱を注いだに違いない。つまり、**「知の商業化」の成功は次なる「知の創造・知の具現化」を加速する。**

補足すると、山口の「イノベーション・ダイアグラム」においては、X軸・Y軸に次ぐ第3軸、すなわちZ軸で表現すべきものとして「経営イノベーション」と「アイステシス・イノベーション」

が定義されているが、これは「知の商業化」に含まれているものと同義と解釈しても構わない。「知の創造」には、「無」から「価値」を生み出す瞬間が存在する。だから、イノベーションの方程式で、「知の創造」のみが、経済的には無価値でも自然科学の上では価値のある発明・発見を必要としている。そうした「知の創造」の経済価値を10倍にするのが「知の具現化」といえよう。**その上で、「知の具現化」により高められた経済価値をさらに10倍にするものが「知の商業化」である。だから成功するイノベーションの完成に「商業化」が欠かせない。**

ソニーの井深大は、アイデアだけでは何も起こらず商品にして見せて初めて価値が認識されることを「1－10－100の法則」と呼び、社員に徹底したことは先に述べた。筆者もソニー勤務時代に直接耳にした。こう考えてみると、「知の商業化」がイノベーション完成の最終段階であると考えれば、イノベーションの実現と完成にとっての「知の商業化」がきわめて重要な位置を占めていることが理解されよう。

3　実現した「知の商業化」

(1) 飛行機

1903年のライト兄弟の飛行機は、レオナルド・ダビンチのヘリカル翼のアイデアと、鳥の滑空・羽ばたきを真似た初等的な試行錯誤が続いていた時代にあって、堅実な経験と画期的なアイデアとに基づいていた。その成功の秘密は「左右の水平翼を貫く1本の軸上で、翼を互いに反対回転方向にひねることにより、左右の翼の揚力を不均衡にして操縦者の意思に従って進行方向を自由に制御する」ことにあった。

空中における進行方向を自由に操縦するという「知の創造」は、ライト兄弟がグライダー操縦の体験から編み出した。それがどのくらい画期的な「知の創造」であったかを説明したい。

空中の進行方向制御は、当時すでによく知れ渡っていた船舶の操縦を手がかりに実験が繰り返されていた。それは、船尾に取り付けた「舵」に当たる水流の反作用によって左右に転回していたことを援用して、飛行機も尾翼を左右に振ることにより転回できるという予想の下での実験だったものの、ことごとく失敗に終わった。その理由は、船舶では船体の周りを取り囲む海水と水中に喫水している船体との関係が、線路と列車の関係のように左右で方向がほぼ固定化されていたのに対し、大気中を飛ぶ航空機は左右方向の拘束力がほぼゼロのためである。

したがって、航空機が転回・旋回するには別の原理が必要であった。それをグライダーの練習から明示的に発見したのがライト兄弟であり、「左右の水平翼を貫く1本の軸上で、水平翼を互いに反対回転方向にねじる」ことこそ「飛行機の自由自在な操縦」を可能にし、「乗り物」としての地位を得る画期的な大発明となったのである。さらに彼らが、動力式実験飛行機を自ら組み立てて自ら飛んだことは「知の具現化」に相当する。ただ不運なことに、良好な証拠写真が多数撮影され公開されたにもかかわらず、40年近くその偉業が米国内で認知されることなく、飛行の事実すら疑問視されながら失意のうちに人生を終わったと伝えられる。

一方、欧州では「知の具現化」は順調に続き、１９０９年には英仏海峡横断飛行、１９１０年にはフランス製ファルマン機が埼玉県所沢で国内初飛行した。この時代までは有料の観覧用デモ飛行や名声を得るための冒険飛行が中心であり、商業化とはまだいえない時代であった。１９１４年の第一次世界大戦後はさらに「知の具現化」が進み、ライト兄弟から30年後の１９３３年にはBoeing ２４７という10人乗り旅客機に到達した。ここまでくれば「知の具現化」は完成したといえるが、まだ一般のビジネスマンがお金を払って乗れる商用飛行機ではなかった。

飛行機の場合、「知の具現化」の後は戦争のための兵器として開発が強化されたので「知の商業化」の道をまっすぐに進んだわけではなかったが、戦争の道具として高い信頼性と量産性が追及されたから、技術的には「知の商業化」に相当する技術的レベルアップが飛行機本体に対しては戦争中に行われたと考えてよい。

(2) 航空管制用レーダー設備

一方、現代の航空(機)事業では、一般乗客の目に触れないところで目を見張る技術がふんだんに利用されている。そのすべてに、先のトランジスタと半導体技術が大活躍をしている。

例えばレーダー技術である。現在ではマグネトロンに替わって半導体素子で発生した電波を、八木アンテナよりも指向性の鋭いパラボラアンテナで送信し、反射波の到来時刻までの時間を計測して距離を算出する原理は、今も第二次世界大戦中の発明当初と同一である。しかし、反射波を観測して距離と高度を知るだけの原理的動作では、羽田空港のように航空機が混み合う空域では画面に映る多数の輝点がどの飛行機かを特定できず管制の役に立たない。

そこで飛行機側にもレーダー応答装置を搭載することにより、自機に空港管制レーダー電波があたった直後に、同じ周波数で返答電波を発射することができるように機能が拡張された。このとき、自機の便名、高度、速度などを112または560ビットのデジタル情報で「上乗せして」空港管制レーダーに返すことにより、地上では画面の輝点の脇に14～70個の文字表示が可能となり、航空管制の安全性が格段に改善された。

東京圏では全国各地のレーダー情報が埼玉県所沢市の「東京航空交通管制部」に中継・集約され、管轄圏を飛ぶすべての商用航空機の便名と情報が大型画面表示されている。国土交通省による同様の設備は、札幌、福岡、那覇にあり、これら4か所で日本全国の航空路を飛ぶ飛行機の安全を確保しており、これらの設備が整って初めて商用航空路が機能している。

(3) 航空機着陸誘導設備

航空機にとってもう1つの重要な地上設備はＩＬＳ（Instrument Landing System）と呼ばれる着陸誘導設備である。これは、着陸用滑走路の手前数10㎞から着陸するまでの時間、飛来する航空機に向かって左右（LOCalizer）と上下（GlidePass）の航空路中心線信号を航空機に向かって連続的に通報する地上無線設備であって、商用航空機はこの中心線信号を頼りに自機の位置ズレを自動修正しながら着陸用滑走路に向かう。

ＬＯＣは１１０ＭHz帯、ＧＰは３３０ＭHz帯の電波を使用する。ちなみに周波数１１０ＭHz帯は旧アナログ・テレビ放送３chのすぐ上、３３０ＭHz帯は地上デジタルＴＶ放送波４７０－７７０ＭHzのやや下に位置する。電波としては利用価値の高い、いわば高価な周波数帯を使用している。余談だが、離着陸時に乗客の電子機器の使用を制限したのは、ポータブル機器においてはこの周波数帯の雑音を発生するものが少なくなかったことによるが、近年は内蔵ＣＰＵの動作周波数がＧHz帯に移行しつつあるので、離着陸時のデジカメ撮影などは解禁される方向にある。

これらの地上設備は、今日のような航空運輸事業にとっては飛行機本体の性能とともに乗客の安全を保証するためのきわめて重要な航行支援施設であって、これらなしには商業航空路の維持は不可能である。すなわち、ライト兄弟の初飛行による「知の創造」と、軍事用に展開された「知の具現化」たる飛行機の性能向上に加えて、各国、各空港における地上設備の拡充が「知の商業化」を実現したといえる。

さらに現代の世界の距離短縮の実現には、上記の地上設備の拡充が「知の商業化」に必須であって、その結果として「航空機旅行の大衆化」というイノベーションの幕を開いたといえる。このイノベーションは、大衆の航空機利用を可能にしたのみならず、商業生産物の輸送速度の画期的向上や契約書など文書郵便の高速化による、世界経済の高速化（投資効果の拡大）という経済効果を生み、世界経済の拡大と発展に果たしている役割は計りしれない。

4　イノベーションの方程式と戦前日本の核心的イノベーション

造船・自動車・レーダーという戦前の核心的イノベーションの事例をもとに、第三部で明らかになった「知の創造」、「知の具現化」、「知の商業化」に照らしあわせて、戦前から戦中日本の核心的イノベーションの本質的課題をまとめる。

(1) 造船（海軍呉工廠）

「戦艦大和」は、海軍省本省において、用兵を担う軍令部があらゆる人事権・予算権を握り、それに追従せざるを得ない建造を担う艦政本部において建造計画を作り、呉工廠が全力でこれに応えた結果である。その結果、広範囲な国内産業分業体制（八幡製鉄所（北九州・室蘭）〈室蘭製鋼所〉呉工廠）は非常にうまく機能した。つまり、英国生まれの「知の創造」は、呉工廠に十分吸収されたうえで「知の具現化」たる「戦艦大和」が開戦直後に完成した。

だが、戦局の大勢が大艦巨砲戦略から空母機動部隊戦略へと進化しているにもかかわらず、大艦巨砲主義を頑迷に信じた艦政本部は、結局、無用な戦艦建造を続けたため、海軍は質・量ともに（レーダー開発の遅れもあり）米海軍に敗北してしまった。戦争の最終局面では、海軍の最も不得手な民間商船建造まで手がけることとなり、そこに前線で損傷したおびただしい大破艦艇の修理に追われ、小型特攻兵器「回天」の製造までを巨大ドックではじめた。現場はとてつもない疲労感と無力に打ちひしがれた。

それでもなお、誇り高い海軍技術士官と職工たちは、敗戦当日までこれに応えるべく必死で働いた。その優れた人材と蓄積された技術、ドックなどの建造インフラ、そして鋼鉄・エンジンなどの国内分業体制は、戦後復興でも機能した。そこに、米国から純粋に彼らの利益追求の結果、大手の商船運用会社が自らの直営工場をもとめて海軍呉工廠に進出してきた。そこで、「戦艦大和」を作った技術資産と米国流の合理的管理技術や進化した溶接技術がハイブリッド化され、戦後初の巨大タンカーが「戦艦大和」を建造したドックで完成した。ここに、軍需技術の民需転換という「知の商業化」がかくも見事に成功し、戦後日本の復興を確かなものにした。

つまり、「イノベーションの方程式」を戦艦からタンカーへというイノベーションに関してまとめると、英国生まれの「知の創造」が、広島県呉工廠や三菱重工に、外国に依存していた戦艦建造の造船技術を海外に派遣する日本人エンジニアを通じた学習によって蓄積された。そして、完成した海軍呉工廠製「戦艦大和」、三菱重工長崎造船所製「戦艦武蔵」こそが「知の具現化」であった。そして、戦後同じドックで建造された巨大タンカーこそが「知の商業化」の成功だった。

(2) 航空機（中島飛行機）

戦闘機は、欧米生まれのエンジンと機体製造技術たる「知の創造」の最大の学習者が中島飛行機製作所であった。陸軍は、おおむね中島飛行機による開発試作に大いに期待し、無駄な要求をせず、資金を豊富に投下した。その結果、世界でもまれにみる高性能機として陸軍四式戦闘機「疾風」が誕生した。これこそが航空機分野における戦中日本の「知の具現化」そのものだった。

しかし、戦前、米国に完全依存していた高性能オイル、プラグ、ケーブル、ポンプ類などの在庫を使い果たした1944年時点で、国内のこうした一流の戦闘機に見合う一流の部品を供給できる中小部品メーカーは存在しなかった。したがって、猛烈な爆撃下でも地下工場まで使って月産200機も生産された「疾風」は、エンジン不良、整備不良、燃料オイル不足のために飛び立てなかった。

そうした悔しい思いをしたエンジニアたちは、一気に戦後花咲いたオートバイ・自動車へと転出した。その最大の雇用者が新興ベンチャー「ホンダ」だった。そしてホンダは世界最高のレースに旧航空機エンジニア達を投入し、瞬く間に世界の頂点に立った。つまり、ホンダこそが、戦前航空機の技術を受け継ぎ市場で成功を収めた「知の商業化」そのものだった。

つまり、「イノベーションの方程式」を航空機から自動車へというイノベーションに関してまとめると、「知の創造」が中島飛行機と三菱重工による欧米からのエンジン技術導入とライセンス生産でなされ、「知の具現化」が四式戦闘機「疾風」で完結した。それは、米国の戦後テストで証明

されている。戦後、それらの技術は自動車産業、なかでも新興のテクノロジー・ベンチャー「ホンダ」によって「知の商業化」が顕著に進められた。

(3) レーダー(海軍技術研究所)

日本のレーダー開発マネジメントは、あまりに稚拙にして悲惨である。戦前、海軍技術者からのレーダー開発提案に対して「闇夜に提灯」などと、まるで江戸時代レベルの感覚で技術評価する旧い頭の官僚機構が海軍上層部を支配していた。戦艦のようにわかりやすいテーマであれば喜んで取り組めるが、目に見えない科学原理を基盤とするエレクトロニクス兵器がどれほど戦局の行方を支配するかが見えなかった。

そして、自分の頭で判断に堪えない分野でありながら、専門家に耳を傾けることなく、自分の経験と知識の範囲で「根拠無き自信」をもって決定してしまう恐ろしさを、海軍上層部は知らなかった。というよりも教育を受けて来なかった。その結果、自国の地方大学において相次いで発明されたレーダーのコアテクノロジーがあり「知の創造」に成功しながらも、それを科学者と軍、民間メーカーの共同会議で明解に活用する手だてを作ろうともしなかった。また、1942年初頭には、占領したシンガポールで英国製の八木アンテナ式レーダーを捕獲し、入手分析しながらも量産配備すら怠った。

のち戦局が不利に展開する中で、前線から血の出るようなレーダー要求が海軍省艦政本部に寄せられてもそれに応えるには時すでに遅く、満足な真空管すら入手できずに、すべての艦艇に高性能レーダーを配備完了した米海軍に大敗してしまった。理由は簡単である。戦艦などの部材は大手メーカーで製作される一品ものだが、レーダーなどのエレクトロニクス兵器の部材は中小メーカーの細かな手作業による技術水準がパーツ精度を決定的に左右するからである。つまり、欧米に「知の具現化」を許し、自ら敗北を招いてしまった。

こうした中でも、レーダーを初めとするエレクトロニクス兵器の開発に必死に努力した海軍技術士官、メーカー技術者、そして指導役の大学教授たちは、その無念をずっと心の奥底にしまいながら戦後のエレクトロニクス王国日本を作りあげた。ソニーはこうした戦前・戦中に蓄積されたエレクトロニクスの「知の商業化」における象徴であった。

つまり、「イノベーションの方程式」をレーダーというイノベーションに関してまとめると、レーダーに欠かせないコアテクノロジーが東北帝大・浜松高等工業学校（現静岡大工学部）で発明され、「知の創造」がなされた。その後、実用的なレーダーが日本のコアテクノロジーを応用しつつ英国で完成して、「知の具現化」が完了した。最後に、米国が国家プロジェクトとして軍事用ではあるが、生まれたての大学発ベンチャー「HP」も量産に参加する形で「知の商業化」が完成した。そして、日本ではその流れを戦後の「ソニー」が引き継いだのだった。

5　まとめ：テクノロジー・ベンチャーが未来を築く

今後、日本人はイノベーションをどのように創造し、具現化してゆけばよいのだろうか。本書では、この役割をテクノロジー・ベンチャーに託している。

1944年時点で世界の最高水準をゆく陸軍四式戦闘機「疾風」を開発生産した中島飛行機製作所は、1917年第一次世界大戦中に中島知久平海軍機関大尉が海軍を早期退役して創業した、自動車産業もない日本で航空機製造を目指したテクノロジー・ベンチャーであった。同様に、ホンダは、1932年に中島飛行機製作所にピストンリングを製造納入する「東海精機工業」の創業者であった本田宗一郎が、敗戦直後の1946年に改めてオートバイづくりを目指して創業したテクノロジー・ベンチャーであった。

以上の2社に共通する点は、海外でできるものが、自分たちにできないはずがないというエンジニアとしての志の高さと旺盛なる企業家精神であった。翻って、21世紀初頭の日本は先進国中最高の少子高齢化と累積国債発行残高に苦しんでいる。だからこそ、日本は戦前の中島飛行機製作所、戦後のホンダ・ソニーを見るまでもなく、これからも必死でテクノロジー・ベンチャーを興し続ける必要がある。

それゆえに、**テクノロジーの尊さとテクノロジー・ベンチャーの歩みを、子供や青年たちにもっと重点的に教える必要がある。さらには、数学・物理・化学・生物などの理系全科目を、単なる受**

験対策科目としての選択式ではなく、日本の未来を切り開く生きる術として、かつて戦前にそうであったように初等・中等・高等教育の現場で真剣に教えてゆく必要がある。なぜなら、これらの基本知識なしに大学に入学しても、エンジニアとしては大方手遅れになってしまうからである。

陸軍四式戦闘機「疾風」が1944―45年という敗戦末期最悪の時期に達成した設計開発の偉大な成功と、それを量産する基礎工業力の絶望的な貧弱さという失敗は、現代の日本人にイノベーションの重要性と存立条件を克明に教えてくれる。

注

(1) 山口栄一(2006)『イノベーション:破壊と共鳴』NTT出版。

9章 イノベーションの起動と「知のマイニング」

これまで、戦前戦中から戦後に至る日本のイノベーションの歴史からイノベーションが発生するプロセスを「イノベーションの方程式」として、検証してきた。本章では、イノベーションの方程式を構成する3要素が実際に起動するメカニズムを考察して、本書の結論としたい。

1 イノベーションのドライバー（駆動力）

これまでの説明では「知の創造」が個人のひらめきのごとく表現されており、それを疑問に感じる読者がいるかもしれない。しかしながら、無から有が生ずることはなく、「知の創造」が湧いてくるには「既知の集積」が必要だ。それらは、自然や歴史などの様態について自然科学、社会科学などの諸学問が解き明した人類の英知であり、またそれらを後世に伝えうる学識と洞察力をもった人々の集団が「培地」として必要だ。

この集団形成を社会的な組織として実現したものが教育制度であり、その最高学府が大学だ。つ

図表 9-1 「イノベーション」の全体像

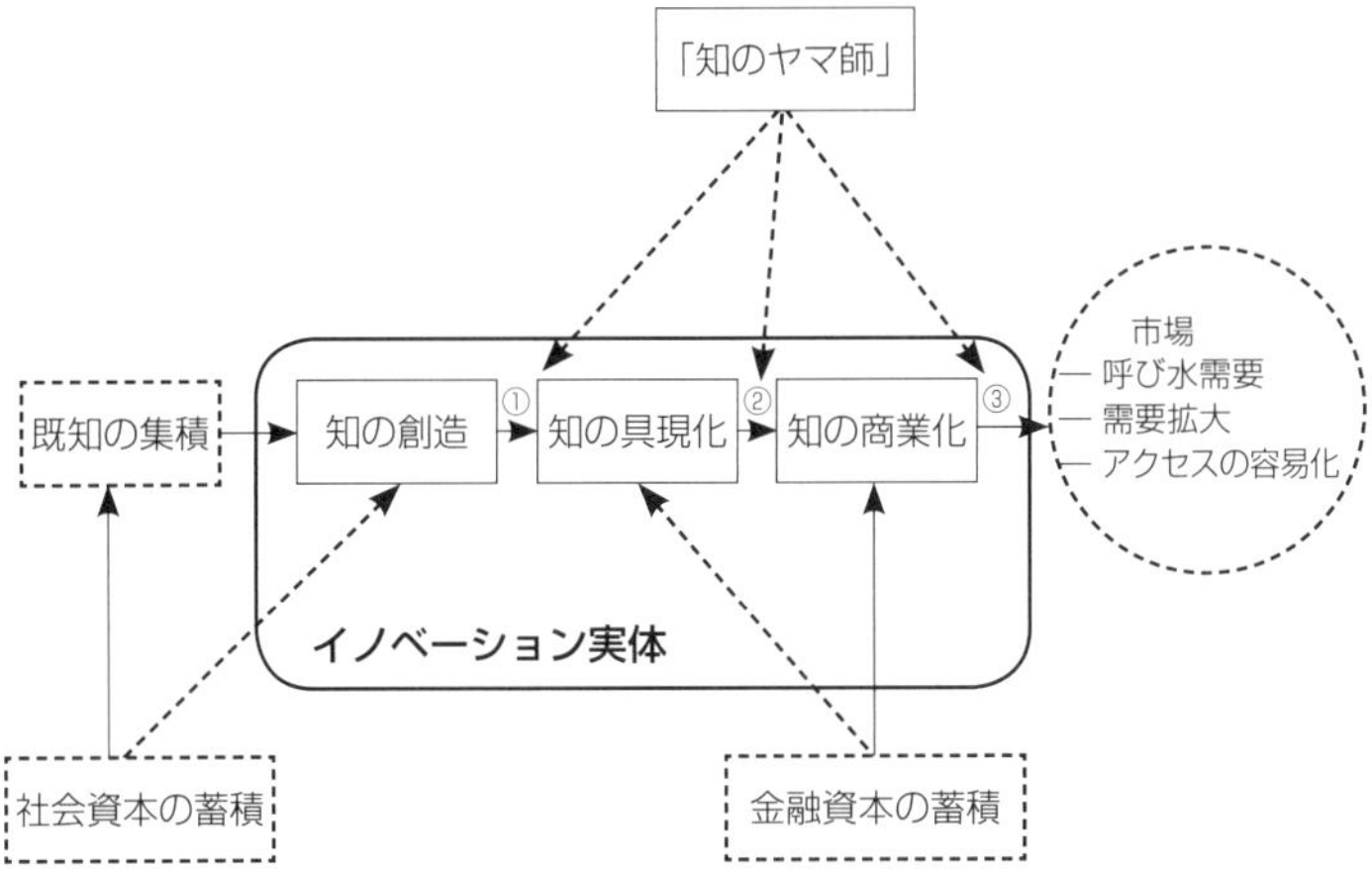

まり大学は、高等教育機関として人材を教育する使命を持つとともに、自らの研究活動には「知の創造」の「培地」としての役割も期待される。しかしながら、「知の創造」が成功に到達する確率は極めて小さいうえ、成功する創造の当事者ですら当初は正当な評価を受けられない。だから、ノーベル賞のように大学などで生まれた「知の創造」を評価し、名誉を与え、報い奨励することはイノベーションの方程式が成り立つために欠かせない。

　図表9－1は、前章で導入されたイノベーションの方程式を包括的に俯瞰するため、筆者らが新たに作成した概念図である。図表では、左端下の「社会資本の蓄積」が「既知の集積」と「知の創造」を支え、右下の「金融資本の蓄積」が「知の商業化」と「知の具現化」を支えている。そして、右側の市場に向かってイノベーション

は断続的に進む。つまり、市場はイノベーションの発生を促す最終的なドライバー（駆動役）であり、そこでの成功と報酬が期待されているからこそ金融資本は先行投資を開始する。**だから、市場という出口をもたないイノベーションは、①②③のいずれかの段階でも停滞ないし脱落する可能性が非常に高い。**

もちろん、発明者ないし研究者が「知の創造」のみで世界的な名声を得れば、それでイノベーションが止まっても十分という場合もある。だが、次の段階へとイノベーションを進めるためには、どうしても先行投資が欠かせないし、そのゴールが市場にあることは明白だ。それゆえ、①②③の矢印をドライブする「知のマイニング」の役割は、イノベーションにとって最も重要な存在となる。

他方、「知の創造」や「知の具現化」を担う人々は、次のステップに進むためにどのくらい距離があるかが見えていない場合が多い。ある者は、その距離の遠さにあえいでいたり、ある者は距離の目測を誤って過信していたり、あるものは方向違いの努力を積み上げていたりする。だから、「知のマイニング」を担う第三者のアドバイスが大いなる勇気づけになったり、方向転換の契機にもなったりする。つまり、**「知のマイニング」こそがイノベーションの「ハンドル」なのだ。**

「マイニング」とは元々地下を掘って価値の高い金属などを探し出す意味の英語であるが、近年は有望な投資先を探すことにも用いられる。

2 「知の商業化」成功の条件

これまで再三述べてきたように、イノベーションは「知の創造」から始まる。しかし、「知の創造」がこの世に出現した直後の時点では、それが本当に成功に結び付くか否かは、当の本人を含めて誰にもわからない。では、「知の創造」が成功と判明されるのはいつか。それは、誰かの目に留まって「知の具現化」が進み、さらに別人の目に留まって「知の商業化」に至ったとき、あらためて「知の創造」の1つが成功したと実証される。

だから、「知の創造」段階では、それがイノベーションに結び付くかどうかまだわからない。前職ソニーにおける筆者の経験では、「知の創造」が「知の具現化」に進む割合は100個中の10個くらいで、「知の具現化」が「知の商業化」に進むのはその10個中の1個くらいであることがソニー社内での常識だった。つまり、「知の具現化」が「知の商業化」に達する確率は100個中1個くらいである。しかも、その1個の「知の商業化」とて、必ず市場で成功するとは限らない。

それゆえ、**イノベーションの成功、すなわち「知の商業化」が成功するためには、前段階である成功した「知の具現化」の中からより商業化に適したものを探し出す試みが欠かせない。**それではさらに、「知の具現化」を成功させるためにはどうしたらよいか。それは、数ある「知の創造」群の中から成功すると思われる（かなり直感に近い）「知の創造」を、一つひとつ探し出して、あるいは複数を結びつけて「知の具現化」へと推し進めることに尽きる。つまり、**「知の商業化」に成**

功してイノベーションを起こすということは、成功するはずの「知の創造」や「知の具現化」の実現イメージを描き、積極的に探し出す行為に他ならない。

英語圏のベンチャー投資業界では、こうした行為を「マイニング（Mining）」と表現する。「探鉱」や「発掘」という日本語が当てられるが、それは**鉱脈を探し当て自己所有宣言をする**というような意味であろう。

マイニングは、イノベーションにとってきわめて重要な概念だ。「データ・マイニング」という単語を知っている読者も多いことだろう。ビッグ・データの中から有用なデータを取り出すことであり、泥や砂利や砂とともに地中に眠っている金鉱脈を探し当てることになぞらえた表現である。両者とも、一見無価値な岩山やデータの大群の中から商業的利用価値の高い金属鉱脈やデータ法則を探し当て、これを使って一儲けをたくらむことである。**「知のマイニング」もこれに似ている。多数の「知の創造」や「知の具現化」の山から商業的利用価値の高いものを1つまたは複数個選び出して、「知の商業化」を成功させ事業を計画することと同義である。**

3 「知のマイニング」とイノベーション

これまで、イノベーションを方程式として定式化したが、「知のマイニング」は、方程式のどこに位置づけられるのだろうか。（図表9－1参照）

「知のマイニング」は、文字どおり「ヤマ」の中から価値のあるモノだけを選び出す。それゆえ、はじめに「ヤマ」の見当をつける能力が必要だ。昔、沢筋を流れる水の色や味、崖の色や地層の重なり方を眺めながら石炭鉱床や貴金属鉱床を探して歩く者が「ヤマ師」と呼ばれた。現代の「ヤマ師」は、化学、エレクトロニクス、医学、半導体工学、などの専門的な知識をバックグラウンドにもち、自分のハナの利く専門領域における「知の創造」や「知の具現化」を、大量情報の流れの中で探し歩く。

しかしながら、自分の専門領域の技術判断のみで採否を決めるわけではない。当然、探し当てた鉱脈すなわち「知の創造」が、社会的に価値あるものとして大勢に認められ得るか、営利事業として成り立つのかを考えたうえで、取捨選択をほぼ瞬時に行わなければならない。しかも、「デューデリジェンス」のように各種書類を多数整えてから判断するようなことを必要としない。それはもっと時間が経って、その案件にいよいよ大金をつぎ込む段階になってから行われる。

もちろん「知のマイニング」は、成功した「知の創造」のヤマのみを対象としているわけではない。当然、成功した「知の具現化」のヤマに対しても行われる。むしろ、「知の具現化」のヤマの方が商業化に直結する可能性が高いから、「知の具現化」だけに特化したマイニングの実例は多い。「知のマイニング」は、「知の商業化」に対しても行われている。誰が行っているのか。それはいわゆる「ベンチャー・キャピタル」という名称で呼ばれる一連の組織的探索・発掘集団である。彼らは鵜の目鷹の目で儲かりそうな案件をマイニングし、そこに乗り込み、投資後の数年間で一儲けして10年以内に引き上げることを事業モデルとしている。この投資資金のおかげで大成功に至った企業も多い。**このように眺めてくると、「イノベーションの方程式」における各段階の出口において、ヤマの発掘すなわち「知のマイニング」が行われている。**

イノベーションの各段階で行われる「知のマイニング」が事業を成功に導くのであれば、イノベーションが起こるような案件の「知のマイニング」は、どのように行われるべきであろうか。筆者は、前職で実際に行った投資とその結果から、以下の3点が重要だと考えるに至った。

①対象とする「知」の性質が社会的広がりをもつこと。すなわち大勢の人々が利用したい、または所有したい、モノやコトでなければならない

②量産可能もしくは大勢の人々が利用可能であることが必須である。すなわち、コストが人々の収入に対して適切なレベルでなければならない

③イノベーションの方程式を最後まで作動させる資金（投資）を集めるだけの魅力が備わってなければならない

これらの3要素が兼ね備わったときに、高い確率でイノベーションは「知の商業化」に到達する。そこで、次にトランジスタ、ＬＥＤ、車両自動運転の3つのケースを用いながら成功する「知のマイニング」のモデルを読者に提示しよう。

(1)「知のマイニング」の実例1：トランジスタ

たびたび触れているように「トランジスタの発明」は人類史上まことに偉大な発明であり、20世紀最大の発明といっても過言ではない。2014年ノーベル物理学賞を受賞した「青色発光素子」もまたトランジスタ発明の応用である。

この「トランジスタ」はベル研究所によって世間に公表されたが、最初はきわめて小さな扱いであった。ところが、この記事を読んで「金鉱脈」の匂いを嗅ぎつけた人々がいた。米国リージェンシー社とソニー創業者の井深大である。リージェンシー社はテキサス・インスツルメント（TI）から購入したトランジスタを用いたラジオを1954年に発売し、「世界初トランジスタ・ラジオ」の栄誉に輝いたが、TIが手間のかかるリージェンシー社向けトランジスタの生産を中止した結果第二世代の商品を出すことができずに、同社は消滅した。

1年遅れの1955年、艱難辛苦の末に自ら「トランジスタ素子」を量産した井深大のソニー（当時は東京通信工業）は、「トランジスタ・ラジオTR－55」に始まるソニーの大躍進を起動した。トランジスタというわば「知の創造」における「金鉱脈」にたどり着いたソニーは、およそ60年間その鉱脈の恩恵を受けた。

この2つの例は、「マイニング」の手法例として比較すると対比的で興味深い。リージェンシー社は「トランジスタができた。ラジオにすれば大儲けできるはず！」と早合点してラジオを発売した。あたかも、「知の創造」をいきなり「知の商業化」に持ち込んだようなものだった。

これに対し井深は違っていた。彼は戦前から真空管を扱っていたし、旧海軍で盛田らと電波兵器であるソナーやレーダーの開発にかかわっていた頃から、真空管の宿命である「切れやすい」、「動作が不安定」、「製品のバラつきが大きい」、などの難点を熟知していた。つまり、トランジスタの可能性を直感的に理解していたから、トランジスタの「知の創造」としての価値の大きさが、井深らにはわかっていた。

すなわち、「知の創造」としてのトランジスタ発明の価値の大きさとトランジスタの将来性（技術的困難性）を予見できたことが、井深のソニーをしてトランジスタ素子の内製化に向かわしめた最大の理由であった。つまり、井深は本物の「知のマイニング」を行い、日本にエレクトロニクス産業を創出したのだった。いわば、「知の創造」を掘り当てたときに、その後「知の具現化」に進んだときの価値の増大量がイメージできたので、量産化に向けたあの凄まじくも涙ぐましい開発投資が行われ、リージェンシー社と異なりソニーを成功に導いた。

以上の2つの事例から、マイニングの心得とでもいうべき教訓を探すならば、「『知の創造』に出会ったら、『知の具現化』に進むか、あるいは『知の商業化』に進むべきかを良く見極めよ」であろう。

(2)「知のマイニング」の実例2：LED

中村修二博士が青色発光LEDを実現したのは1993年頃だったが、この「知の創造」でもその後、2通りの「知の具現化」が始まり、各々が成功した。

「知の具現化」その1は、長年、短波長レーザーの開発を目指していたソニーの熊谷修（同社元業務執行役員）達による青色レーザーの実現であった。光ディスクではCDには波長780nmの赤外線、DVDには650nmの赤色、のレーザーが用いられていたが、Blu-rayの実現には415nm付近の青紫色レーザーが必須だったからだ。中村博士が青色LEDを実現させ、さらに1995年に青レーザー発振を成功させたのに続き、1年後の1996年にソニーもBlu-ray用の415nmの青紫色レーザーを実現した。これをもって、ソニーはBlu-rayディスクの盟主になった。

「知の具現化」その2は、中村博士が勤務していた日亜化学自身によって別の方向に展開された。日亜化学工業株式会社は、1960年代は蛍光灯用蛍光材料を生産販売する会社で、1970年代はTV用カラーブラウン管の蛍光材料を生産販売する会社であった。つまり、紫外線や電子ビームでたたくと、人間の目に感じる可視光を発する「粉」の製造販売会社だったのだ。蛍光灯とブラウン管式カラーテレビ市場は巨大であり、その素材を製造販売する同社は利益率の良い優良企業であった。

蛍光灯は真空に近いガラス管の中で250nmの紫外線を蛍光材料に照射し、その結果出てくる可視光が白色になるよう蛍光材料を選定したもので、日本では戦後になってから夜間の一般照明にも応用されるようになった。LED照明もこの原理によく似ていて、青い光を発するLED光を黄色の光を発光する蛍光材料に照射する。そうすると、学校で習うように青色と黄色は補色関係にあるから、混ぜ合わされた合成光は人間の目には白色に見えて、夜間照明に利用できるようになった。

この方式は効率が良いので、現在でも街灯や自転車・自動車の前照灯ランプなど、広範囲に利用されている。**ときどき、「青色LEDが発明されたので、従来の赤色LED、緑色LEDと混色することにより白色照明ができた」とする説明を見かけるが、これは間違いである。**

現在のLED照明においては、さらにもう1つの発明が活躍している。それは、照明光の「白色の色合い」である。家庭用のシーリングライトでは、「朝は爽快な昼白色、夜はくつろげる電球色」というような表現で、照明光の白色の色合いをリモコンで選べるものがある。物理学的には、前者は色温度5000度K（ケルビン）、後者は色温度3000度Kと呼ばれる。この白色の色合い度は、欧州の照明市場では重要な指標である。色温度5000度Kクラスの照明では白人の顔色が青白く見えるので、蛍光灯時代から嫌われていた。蛍光灯照明になれ親しんだ日本人旅行者にとって、欧州主要都市は夜になるとライトアップの効果で見違えるような別世界に変身する。その理由は色温度変化のせいである。昼間は青空照明だから色温度は5000度K以上、日によっては7000度K近いが、夜になると3000度K程度の電球照明が主流になる。レストランの食卓などは2000度K程度で薄暗いくらいが好まれる。

この電球色をどうやって発色するかが、1993年の中村発明以来LED製造メーカーの課題であった。そして、2004年にこれを解決する快挙があった。430nm以下の青い光を当てると600nm付近の赤い光を出す蛍光材料ができたからだ。

一般に蛍光材料は、励起光の波長よりも長い波長の光を出す。したがって青いLEDで照射すると赤い光が出る蛍光材があるハズであることは教科書に書いてあった。しかし少ない入力エネルギーで希望の赤い波長に変換してくれる蛍光材料がすぐには見つからず、各社が苦労していた。時にＮＩＭＳ（独立行政法人物質材料研究機構）の広崎尚登（現）フェローと東京工科大学の上田恭太博士らがこれを達成し、２００４年三菱化成（現三菱化学株式会社）が量産を開始した。つまり、広崎・上田そして三菱化学は、「知のマイニング」に成功したのだった。

それまでは青・黄混色ＬＥＤの青白い光しか出なかった。２０００年代前半のクリスマス・イルミネーションが真っ青や、青白い寒々とした光だったことを記憶している読者も多いだろう。それがこの発明により、２００５年頃から急に華やかになった。それは電球色のＬＥＤが出回り始めて、イルミネーションに温かみや高級感が追加されたからである。これら二種類の「知の具現化」、すなわちレーザーの発明による Blu-ray 技術の開発と、照明分野への応用は、それぞれ別個の産業を起こして「知の商業化」に成功し、人々の暮らしに深く浸透していった。

特にＬＥＤ照明製品は、ノーベル賞が授与された２０１４年においてはまだ蛍光灯に並ぶ１５０ルーメン／ワット程度に過ぎないが、ここ数年で３００ルーメン／ワットに到達が見込まれており、21世紀における真の省エネ技術として期待されている。白熱電球の使用量が多い北米や欧州における照明をＬＥＤに換えるだけで、そのエネルギー使用量が5分の1になる省エネ効果は絶大であり、原発数基分の省エネ効果が見込める。ちなみに、欧州ではフィリップスとＯＳＲＡＭが2大照明メーカーであり、フィリップス1社で２０００件以上のＬＥＤ関連特許が出願されており、日本の照明メーカーの特許出願総数よりも多いくらいにLED照明技術の開発が盛んである。

(3)「知のマイニング」の実例3：車両自動運転

第一部で明らかになったとおり、レーダー技術のコアテクノロジーは日本国内で戦前発明または実用化されていた。すなわち、1925年に八木・宇田アンテナ（東北帝大）、1926年に表示用ブラウン管（浜松高等工業学校）、1927年に高周波マグネトロン（東北帝大）である。だから、レーダーのコアテクノロジーにおける「知の創造」は国内大学でなされていたのに、第二次世界大戦参戦まで14年近く放置されていたことになる。むろん、ここまでは軍事兵器なので100％商業化とはいえないまでも、戦後すぐに日本メーカーが主導して世界各国における漁船や一般船舶への小型船舶用レーダーが普及していった。兵庫県に本社をもつ「フルノ」は、小型船舶用レーダーで全世界9割近いシェアをもつ。

ところが、戦前から戦中にかけて英米の2国は、これら日本発の「知の創造」を結集し、レーダーとして「知の具現化」に成功した。さらに、これを生まれたてのテクノロジー・ベンチャー「HP」に量産化させて「知の商業化」レベルにまで高めた米国は、日本海軍を滅多打ちにしてマリアナ沖海戦が日本海軍の完敗に終わったことは、第一部で触れた。

以上のレーダー開発の失敗を再び繰り返そうとしている事態に、今の日本産業界は直面している。それが「グーグル・カー」である。

「グーグル・カー」の3大コアテクノロジーとは何か？「3次元カメラ」でも、「レーザー・レーダー」でもない。それは、「電子噴射制御エンジン」、「パワーステアリング」、「電子制御油圧ブレーキ」である。「なんだ、みんな普通のクルマについているモノばかりではないか」、と思う読者が大半であろう。しかし、過去においてはそうでは無かった。この、走る、曲がる、止まることを安全に実現するために日本の自動車産業は世界の先頭をばく進し20世紀まで大成功を収めた。

自動車がマイクロ・コンピュータで制御されているということは、現代の「クルマ」が「独立した機械装置」のカタマリではなく、「マイクロ・コンピュータ」のI／O線（入出力信号線）に繋がれて人の操作を検知してソフトの指示どおりに動く、プリンターやディスプレイのようなパソコン周辺機器の一種ともいえる。

しかしながら、自動車の走る、曲がる、止まることのすべてが電気信号で制御できるようになったのは、さほど古いことではない。なぜなら開発当初、エンジン制御に電子回路を持ち込むことに対して、自動車メカ技術者の間には根強い抵抗があった。というのは、半導体機器そのものの信頼性が現在より数段低かったからである。パワーステアリングは、もともと油圧式だったので車体重量の大きいトラックやバスに限られていた。乗用車に広く搭載されるようになったのは、軽量な電動パワーステアリングが開発されてからである。ブレーキ系統は高信頼が基本だから電子装置の導入が最も遅かった。これらの拒絶理由を受けて、日立製作所など主要な日本の自動車用電装品メーカーのエンジニア達は、自動車用半導体の高信頼化と、ソフトウエアによる二重・三重の安全性確保手段に心血を注いだ。その結果、信頼性の問題が完璧に解決されたのは、21世紀初頭になってからに過ぎない。

ここまで来ると、市販の乗用車の「走る、曲がる、止まる」制御用のマイコン端子にちょいとハンダ付けして制御信号をもらい、それを後づけのマイコンで少し加工して戻すだけで、思いどおりの「ソフトウエア運転」が可能になる。自動車メーカーの協力を得て回路図などが入手できれば、工学部の学生でもテストコースの走行くらいはできてしまう。それゆえに「ソフトウエア運転が可能」ということは、グーグルの出番につながる。

グーグル社は、自社で全世界のストリートビューをあらかじめ撮影しているから、運転席カメラの視野画像を元データとマッチングすることは非常に容易である。また、世界中の精緻な道路地図が存在するし、交通標識の文字認識は今や誰でも可能で、信号の赤・黄・青の判定などはきわめて簡単にできる。グーグルに足りないものは、急な割り込みや急停車を検知する近接レーダーくらいのものだが、レーザー応用としては容易な部類である。

グーグル社は、当然、「ストリートビューの撮影」という現場作業を通じて、自動運転の必要性と技術的可能性を早くから感じとっていたはずである。「走る、曲がる、止まる」がマイコンで制御できることがわかったときに、彼らは直ちに自動運転ソフトの生成に着手したに違いない。

4　まとめ：世界初「自動車用OS」は日本発で

スマートフォンがAppleとAndroidに収束したように（各国ごとに異なる道路交通法規へのすり合わせは残るにしても）、今後、クルマの自動運転ソフトの基本構造もいくつかの系統に収束するだろう。クルマ用のOS（オペレーティングシステム）というものが登場するかもしれない。というより、おそらく近未来のクルマ造りに必須となるだろう。このクルマ用OSは、初期には各社ごとに異なるハードウエア・インタフェース仕様の差異吸収用として個別に発展し、やがて将来的にはクルマのユーザーが用途に応じて差し替えるドライブ・アプリケーション・プログラムのプラットフォームとして普及するはずだ。

それゆえ、Googleと互角に戦うためには、国内自動車メーカーと周辺のソフト・アプリケーション企業は今からスタートダッシュする必要がある。そのため、以下の4点をメーカーおよび産業政策立案者に提案する。

①国産自動車メーカー群は、「走る、曲がる、止まる」ためのマイコンI／Oインタフェースを一定の狭い範囲で公開し、外部の大学やマニアが自動運転の試作ソフトを開発できるようにする

②その上で、国産自動車メーカー各社は、自己の販売用付加価値たるべき「自動運転ソフト」を社外に求めるのは自殺行為と理解しているだろうから、「国策として」「自動運転ソフト試験用標準車両」を共同開発組合方式で設計製造する。そのI／Oインタフェースを公開した「自動

運転ソフト試験用標準車両」を限定販売し、模擬街頭コースを提供する
③とはいえ、普通の日本語環境で育った日本人エンジニアが、「運転操作」のような「2次元幾何学図面に図示できない」ところの「行為や操作」を詳細に記述してプログラム化するのは甚だ困難だから、一定の条件の下で海外勢の参加も許容する
④以上のソフトウェアは、すべて「自動運転ソフト試験用標準車両製造組合」に有償で帰属させる

2030年を過ぎる頃には、自動運転の自動車やスマート家電、社会インフラ設備などにおけるハード技術は、依然として日本がリードしているだろう。だからこそ、私たち日本人は「知の商業化」における利益を最大化する「自動車用OS」のイノベーションに立ち向かわなければならない。それなくしては、再び戦前戦中のレーダー開発失敗や、ソニーのポスト・ウォークマン開発失敗の悲劇を繰り返しかねないからだ。

残念ながら、これだけ優れた人材と技術に溢れながらも、世界一の少子高齢化が進む日本に残された時間はきわめて少ないことが、われわれ日本人に対して今突きつけられている現実なのだ。

10章 本書で残された課題

1 第一の課題

ここまで読み進んだ読者は、「知のマイニング」というものがどうやら活発な経済活動の維持に必須なものであり、今後の日本を豊かで世界のリーディング国家として存続させるには、自分たちが行動を起こさなければならないと感じ始めたことだろう。だが1つの疑問が湧く。「知のマイニング」などという耳慣れない出来事を日常的に行っている国や国民は存在するのだろうか。

それは米国に複数存在する。典型的なのは、オハイオ州コロンバスにある「バテル記念研究所」である。[1] かいつまんで説明すると「研究所」という名称ではあるが、日本によくある研究所ではなくむしろ「コンサルタント&シンクタンク機能付きベンチャー・キャピタル」に近い。1929年創立で、Gordon Battelle という篤志家によって設立された研究所が母体となって発展してきた、いわゆるNPOである。

ただし、その経営モデルは日本人の想像を超える。この組織に運営を託されている米国立研究所が8か所、抱える職員数が2万2000人、年間売上（収入）が6500億円という巨大組織なのだ。しかも、そのビジネスモデルは本書でいうところの「知のマイニング」業そのものなのだ。配下の国立研究所のみならず、世界中の技術開発機関から受託研究や調査受託の形で先端技術情報を吸い上げ、研究開発の実体を受託するのみならず、成果の事業化をサポートしてVC投資を行い、投資利益を上げてさらに次の新技術に投資する。それが何と1929年から80年以上続いている。しかも、NPOなので日本同様に非課税優遇を受けている。

このような「バテル記念研究所」は一例に過ぎず、1000億円規模の企業を成功させた創業者がベンチャー候補者にポケットマネーを投資するエンジェルによる「知のマイニング」が米国では圧倒的に多い。Googleにして、博士課程大学院生2人に対するエンジェルの個人投資10万ドル（1200万円）が彼らの始まりだった。

それでは、富が分散化し均質化する日本社会で、善意のカネが「知のマイニング」に投じられるにはどのような投資の仕組みが必要なのだろうか？　その仕組みの解明と実践方法論が、本書で残された第一の課題である。

2　第二の課題

「イノベーションの方程式」をうまく動かしてイノベーションの果実を手に入れるには、「知のマイノベーション」にかかわる試行錯誤を多数個・多数回起動し、早く失敗を発見して紆余曲折で前進することが大切だ。

その試行錯誤を繰り返すための必要条件は2つある。1つは、社会全体がイノベーションには試行錯誤が必須であるとのコンセンサスを共有することであり、もう1つは、明晰な頭脳、優れた説明能力、判断力と忍耐力を合わせもつ希少人材の教育と育成が必要だ。だから、コンセンサスのための宣伝マーケティングと人材育成が、本書で残された第二の課題である。

3　第三の課題

イノベーション推進プロセスの大半は、言語により記述され、口頭で説明され、聞き手に理解され、そして賛同を得ることによってのみ受け入れられる。ところが、「知の創造」や「知の具現化」を言語で記述し、第三者に説明することはかなり難しい。なぜなら、まだ実現していない夢や技術であるから、目に見える現物はおろか例示見本すら無いのが一般的だからだ。

一方、「知の具現化」や「知の商業化」における第三者への説明において例示できるモノが完成している場合は、「百聞は一見にしかず」が通用する。しかしながら、ここでも抽象的な将来計画を予備知識のない第三者に対して、どのような道筋で、誰を巻き込み、どこの市場を想定しているか明瞭に説明しなければならない。実は、これが思うほどに簡単ではない。これらの会話や対話を短時間に能率よく進めるには、私たち日本人が普段行う思考方法や話法とは相当異なる説明手法が必要になる。つまり、「知の創造」に始まる試行錯誤を動かして成功に至らしめるためには、新たな記述や口述の方法（話法）、すなわちレトリック（修辞法）が必要だ。これが、本書で残された第三の課題である。

以上の3つの残された課題について、今後、筆者らが経験するであろう新たな試行錯誤の過程で、**今日の日本人に最も理解されやすい「知のマイニング」の実践方法論を速やかに編み出し、それを次世代の人材育成に適応してゆかねばならない。**少子高齢化する日本で、一歩も立ち止まる猶予がない中で、以上の課題は克服され発展させなければならない。これが、筆者らの次なる著作のミッションとなろう。

注

（1）詳しくは「Battelle」のホームページを参照されたい。

おわりに

日本よ立ちすくむこと無かれ。安住と安逸は明日の失業と衰退をもたらすのみだ。世界の頂点に立つ国内大手企業よ、安堵することなかれ。現在の収益は過去のイノベーションの果実に過ぎない。未来の収益は現在のイノベーションに依存している。産、学、官よ孤立することなかれ。自分たち単独でイノベーションを成功させられるわけがない。

筆者2人が2004年開校の小樽商科大学ビジネススクール（OBS：大学院商学研究科アントレプレナーシップ専攻）においてイノベーションの共同講義を開始してから早や10年が過ぎた。その間に、長らく貿易黒字だった日本は赤字に転落した。その結果、黒字で蓄積されてきた国内純貯蓄が減少に転じ、未来のイノベーションに対する原資も今後枯渇することは必至だ。**日本が危ない。衰退する産業を関税や規制によって守るのではなく、世界で輝く新産業を創り、価値のある既存産業の競争力をさらに高め、日本を救うための処方箋を書かなければならない。**そのために、筆者らはビジネススクールでの講義録を元にやむにやまれぬ思いで本書を執筆した。

筆者経歴でもわかるとおり2人は大学で出会う以前、家電会社と電力会社に勤務していた。だからエレクトロニクスと重電分野の現場を知っている。それどころか、筆者のひとり武田は、ソニーにおいてCD／DVDの開発を指揮していた。そして、現場の技術者には、産業競争力の根元ともいえる世界最高水準の「技術力」が宿っていることを知っている。同時に、今の日本には「イノベーションの方程式」を満たす「知の創造」や「知の具現化」が溢れていることを、筆者らは30－40年に及ぶ自己の職業体験から知っている。にもかかわらず、それらの成果が「知の商業化」に至らず、数千億円単位の巨大資金が日常的に海外企業M＆Aや大規模不動産開発に投資される現在の日本で、**テクノロジー・ベンチャーに対してわずかな資金しか流れていない。それはなぜだろうか？**

ヒントは、筆者らが参加した公的機関が主催する「技術説明会」にあった。そこでは、大学の教授や企業の研究者が自ら優れた研究成果を発表し、「・・・このように何々の性能を10倍にする技術を発明し、特許は○○件が成立しました」のように締めくくる。ところが肝心の結論に、「ここまで来るのには○億円と何年を要しましたが、あと○○億円あれば○年以内にこれを量産して市場投入し、□□億円の市場創出が可能になります。」という説明はなかった。

つまり、自己の研究成果に「値札」がついていないのだ。これでは金を出して買おうとしているはずの買い手は取りつくシマが無い。現実に、フロアで個別相談する機会は用意されているものの、肝心な投資家が会場にほとんど現れない。メーカーの開発関係エンジニアか大学関係者は多数いた。

聞く側に投資家がいない理由はいろいろ考えられるが、**最大の要因としてコミュニケーション・ギャップの問題がある。**発表者は企業や大学の研究者でこの道10年とか20年の専門家であるから、学会で最先端の課題を解決したことが発表の核心であり、学会よりもはるかに多い公衆の面前で発表できることも大いなる名誉と考えている。ところが、億単位の投資資金を動かせる金融機関投資家の多くは「文系」で、高校2年生以降展開される理系向けの「物理Ⅱ」や「化学Ⅱ」「生物Ⅱ」

を学ばず、科学理解に必須な知識基盤があやうい。だから、こうした研究成果の発表場所で会話が成立し取引を成立させるためには、**双方の言語や思考がわかり「イノベーションの方程式」を完結させたいという堅い決意をもつ「翻訳者」が絶対に欠かせない。「知のマイニング」が必要な所以である。**

つまり、「知のマイニング」の実践者は、科学者の「知の創造」「知の具現化」の潜在価値をあたかも鉱脈のごとく見抜き、「知の商業化」までひっぱり上げなくてはならない。そのうえで、「知の商業化」を、ある程度実証またはその途上で投資家に説明し、さらなる商業化を強力に加速させなければならない。まことにシンドイ仕事だが、それなくして「イノベーションの方程式」は成就しないことを、もはや読書の皆さんは確信されたと信じる。そして、こうした「知の商業化」の投資対象こそが、テクノロジー・ベンチャーなのだ。

そうした意味で、J・ワットを応援したアダム・スミス教授も、HP創業を応援したターマン教授も、偉大な「知のマイニング」の実践者であった。それは今日の日本に最も必要とされており、大学周辺に限らず、世界的なイノベーションの可能性を秘める「知の創造」「知の具現化」をいくつも抱え、大量の休眠特許をもつ日本企業内においてでも、全く同様の状況である。

本書を締めくくるにあたって、取材に応じて下さった多くの方に感謝申し上げる。特に、以下の方々には多くの時間を費やし原稿をお読みいただき貴重なコメントを得た。日本のモノ造りとイノベーションの行方について深い関心と憂慮をもつ諸氏である。はじめに、小樽商科大学商学部瀬戸ゼミの卒業生であり、現在、東京理科大で技術経営を担当する工藤秀雄常勤講師（神戸大学経営学博士）からは、未完段階の草稿精読を通じて、的確なコメントと数々の指摘をいただいた。次に、著者らの共同講義でゲストレクチャーをお願いしている石津谷彰（ホンダ社友、元ホンダ常務）、加藤雅之（富士通研究所R＆D本部長）の2氏から、戦後日本の自動車産業・IT産業に関わる含蓄に富む示唆をいただいた。

また元国鉄無線技士安原久悦氏には、戦時中のレーダー技術現場の実体験を詳細に回顧していただいた。フェリカ開発経緯とポスト・ウォークマンの経緯については、それぞれ元ソニーの伊藤政彦氏、冨田尚氏の助言をいただいた。千葉大発ベンチャーの片桐大輔（アミンファーマ）と、四井健太（三菱航空機）の2氏からのフィードバックは、論点整理に大きく貢献した。

そして、小樽商科大学大学院商学研究科修士課程に学んだ社会人院生から、草稿を直に読んだうえでの素晴らしいフィードバックコメントを得た。それは、現役の研究指導院生（平成27年3月現在）である黒川博昭（現富士通顧問、元社長）、上坂拓司（ウエサカ社長）の2氏、卒業生からは、服部統機（日本政策投資銀行）、林源太郎（三菱商事）、鈴木純平（三井不動産）の3氏である。札幌サテライトキャンパスにおける平日夜と土曜日昼の講義ゼミで、筆者らが現役社会人院生諸君と交わした白熱のディスカッションはまるで昨日のようだ。それが、本書の成立にどれほど貢献しているか計り知れない。まさに大学と学問は、熱心な学生と教員の交差ではじめて成立する。

最後に、本書の完成まで熱心に見守ってくれた同文舘出版の青柳裕之氏・大関温子氏に改めて感謝申し上げたい。両氏は、小樽商科大学ビジネススクールにおける私たちのイノベーション共同講義内容に着目し、講義録を共著という形で世に問うことを辛抱強く応援してくれた。両氏の尽力なしに、本書が日の目を見ることはなかった。

おわりに、筆者らが20代であったそれぞれ40年前、30年前に、私たちの求婚に応えてくれ、爾来、今日まで私たちを信じ支えてくれている妻たちに、この場を借りて心から感謝申し上げたい。彼女たちは、私たちのゆっくりとしたアイデアの構想と実践の日々を、結婚以来今日までずっと暖かく見守ってくれている。本書はその賜である。本当にありがとう。

平成27年3月9日

武田　立・瀬戸　篤

【著者略歴】

武田　立（たけだ・とおる）

東北大学ベンチャーパートナーズ（株）技術担当部長・工学博士
1950年生まれ。北海道大工学部・同大学院修士課程を経て74年旧電電公社入社、武蔵野電気通信研究所で大型コンピューター用記憶装置の開発に従事。89年からISO/IEC/SC23光ディスク標準化日本代表委員、同国内WG議長等歴任。92年ソニー（株）入社、総合研究所でPC用記憶装置の開発等に従事。96年からPC用DVD＋RWの6社アライアンス主宰、2006年からソニー（株）技術戦略部統括部長として社内新規技術開発案件の改廃を担当。この間非常勤講師として小樽商大・同志社大の各MBAコースで「技術と事業革新」などを講義。10年に三菱化学（株）入社、情報電子本部フェロー。13年東北大特任教授を経て15年から現職、大学発ベンチャーの発掘と育成に参画。

瀬戸　篤（せと・あつし）

国立大学法人小樽商科大学ビジネススクール教授・農学博士
1958年生まれ。英国私費留学を経て83年小樽商科大商学部卒業、北海道電力入社。地方営業所勤務を経て88-90年国際大・ニューヨーク大大学院留学派遣、同社総合研究所並びに北大大学院兼務派遣を経て、95年小樽商科大商学部助教授。96年北大博士（農業経済学）、2002-04年名古屋大・仏ポンゼショセ工科大合同大学院併任、05年より現職。1999年法改正以降、今日まで兼業型国立大発ベンチャー1号を含め20社以上の大学発ベンチャー設立と経営を支援、複数社の社外監査役を兼務。主な著書に、『MBAのための企業家精神講義』（小樽商科大ビジネススクール編・同文舘出版2012)、西山茂・瀬戸篤共著『MBAのためのビジネスエコノミクス』（同編・同文舘出版2012）がある。

平成27年 10 月 20 日　　初 版 発 行
平成27年 10 月 30 日　　初版２刷発行　　略称：イノベーション成功失敗

イノベーションの成功と失敗
ー戦前戦中から戦後に至る日本型イノベーションの真実ー

著　者　©　武　田　　立
　　　　　　瀬　戸　　篤
発行者　　　中　島　治　久

発行所　同 文 舘 出 版 株 式 会 社
東京都千代田区神田神保町 1-41　　〒 101-0051
営業（03）3294-1801　　編集（03）3294-1803
振替 00100-8-42935　　http://www.dobunkan.co.jp

Printed in Japan 2015　　DTP：リンケージ
印刷・製本：萩原印刷

ISBN978-4-495-38571-2